Ingeborg Hauschildt

Die feministische Versuchung
und
die Antwort der christlichen Frau

R. BROCKHAUS VERLAG WUPPERTAL UND ZÜRICH

ABCteam

ABCteam-Bücher erscheinen in folgenden Verlagen:

Aussaat- und Schriftenmissions-Verlag Neukirchen-Vluyn
R. Brockhaus Verlag Wuppertal
Brunnen Verlag Gießen (und Brunnquell Verlag)
Christliche Verlagsanstalt Konstanz (und Friedrich Bahn Verlag/
Sonnenweg-Verlag)
Christliches Verlagshaus Stuttgart (und Evangelischer Missionsverlag)
Oncken Verlag Wuppertal und Kassel

Umschlaggestaltung: Carsten Buschke, Leichlingen 2
Umschlagfoto: Steeger – ZEFA, Düsseldorf
Gesamtherstellung: Breklumer Druckerei Manfred Siegel KG
ISBN 3-417-12428-X

Unseren Töchtern und Schwiegertöchtern

INHALT

Vorwort

Die Woge des Feminismus und der »Feministischen Theologie« ist nicht so schnell abgeebbt, wie einige vorauszusehen meinten, sondern in den 80er Jahren weiter angeschwollen. Sie floß in die Breite und hat auch bisherige »Inseln« erreicht. Freilich hat sie dabei auch Veränderungen und Variationen erfahren: durch neue Nach-Schübe, die über den Ozean herüberkamen, durch eigene Weiterentwicklungen, oder auch durch Korrekturen, die durch Konfrontation und Infrage-Gestelltwerden ausgelöst wurden.

Für die christliche Frau besteht also weiterhin eine Bedrohung durch Feminismus und »Feministische Theologie«. Ich möchte diese Bedrohung bewußt als »Versuchung« bezeichnen, auch wenn ich mir damit vermutlich den Zorn vieler Vertreterinnen dieser Bewegung zuziehen werde.

Versuchung nennt die Bibel das, was uns von Gott trennen will. Und das tut diese Bewegung – trotz aller Beteuerungen, daß sich mit dieser Geisteshaltung bisher kirchenferne Frauen zum Glauben zurückführen ließen. Die Bibel beschreibt Versuchung so, daß sie ausgehe vom Versucher mit seinem Gott-feindlichen Willen, aber daß sie auch in uns selbst Saiten zum Schwingen bringe und zur eigenen Tat werde. »Was Spaß macht« ist eben nicht von vornherein das Gute, sondern leider oft das Verhängnisvolle.

Frauen kommen wie Männer nicht darum herum, in den Herausforderungen von Welt und Zeit nach Kriterien zu suchen, nach einem Werte-Katalog zur Beurteilung der Dinge, nach einem Standort, von dem aus gehandelt werden kann.

Diese Schrift möchte in Teil I die Herausforderungen beschreiben, die unsere Zeit und Welt für die Frau bereit hat. Teil II soll entfalten, was es heißt, als Christin vor diesem Ansturm der heutigen Geisteshaltungen zu stehen, welche Grenzen und welche Hilfen uns erwachsen aus der Tatsache des Getauftseins. Teil III beschreibt die schwierigste Situation für die christliche Frau: wenn die Versuchung im frommen Gewand kommt. Da wird die Frau hart ringen müssen, um den rechten Weg zu sehen. Da wird sie Schwestern brauchen, die ihr die Hand reichen, damit sie Mut fassen kann zu tapferen Schritten gegen den Strom. Es können zumeist nur kleine Schritte sein; sie kosten Kraft, aber sie haben Verheißung.

I. In den Herausforderungen der heutigen Welt

Mensch sein heißt, in Spannungen und Auseinandersetzungen stehen. Auch dem Christen ist nicht zugesagt, daß er in einer spannungsfreien, friedlichen Ecke nur fröhlich dahinleben könne – im Gegenteil! Die Bibel ist von der ersten bis zur letzten Seite voll von spannungsgeladenen Geschichten, und die gehen immer beide an: Männer und Frauen.

Adam und Eva fallen aus der unmittelbaren Gottesbeziehung heraus, weil sie auf den Versucher hören; Kain läßt sich von seinem neidischen Zorn übermannen; Noah wird verlacht, weil er gegen den Trend handelt, und wird zum Anfänger einer neuen Menschheit; Abraham und Sara müssen Fremdlinge sein und lange ohne Nachkommen, um dann doch die Stammeltern des Volkes Gottes zu werden. Und so geht es weiter.

Jede Zeit hat ihre eigenen Herausforderungen, jede Generation wieder neu ihre Kämpfe und Bewährungsproben: Mose muß das Volk durch die Wüste führen – eine unmögliche Aufgabe! David steht vor dem Goliath – ein Jugendlicher vor einem geharnischten Riesen. Das Volk Israel in der babylonischen Gefangenschaft war plötzlich ohne seinen Tempel und mußte neue Formen für sein Glaubensleben finden. Als Jesus predigte und heilte, war man unsicher, ob so der verheißene Messias aussehen könne – sie entschieden sich gegen ihn und brachten ihn ans Kreuz. Die junge christliche Gemeinde wuchs heraus aus dem Rahmen der jüdischen Glaubensgemeinschaft – zu Recht oder zu Unrecht? Der Mönch Martin Luther wollte nur seine Kirche zu den Ursprüngen zurückführen – und Schritt um Schritt entstand neben der katholischen eine eigene evangelische Kirche.

So hat jede Zeit ihre Herausforderungen. Die bisher genannten gehören zur Glaubensgeschichte. Aber andere Herausforderungen betreffen die Glaubenden ebenso. Da sind Kriege und Machtkämpfe, Aufstieg und Zerfall von Nationen und Weltreichen, große Herrscher, weise Regenten und harte Diktatoren bis hin zu den wahnwitzigen wie Nero und Hitler. Da gibt es langsame Entwicklungen und blutige Revolutionen, friedliche Zeiten und unmenschliche Unterdrückungen. Da gibt es Mißernten und Hungerkatastrophen, und immer wieder die unheimlichen Züge der Pest und anderer Seuchen. Da gibt es Entdeckungen und Erfindungen, die das bisherige Gefüge unsanft durcheinanderbringen und neue soziale Ordnungen verlangen und hervorrufen.

Vor jeder neuen Herausforderung stehen die Menschen erst einmal ratlos da und schwanken zwischen Freude und Angst, zwischen Daraufzugehen und Zurückschrecken, zwischen Verändern und Bewahren. Hinterher ist es leicht zu sagen, was in der betreffenden Lage die richtige Reaktion gewesen wäre. Da lassen sich leicht Lob oder Schelte austeilen. Aber mitten im Strudel der Ereignisse und all des Neuen ist die Orientierung unerhört schwer.

Wir heutigen Frauen brauchen uns nicht zu wundern oder gar zu schämen, wenn uns der Kopf schwirrt und eine klare Stellungnahme nicht schnell gelingen will. Was stürzte alles in wenigen Jahrzehnten auf uns ein an Ereignissen und Fakten, die das Leben von Frauen berührt und verändert haben: Nationalsozialismus und Krieg, vielfaches Witwen- und Waisen-Schicksal, Vertreibung aus der Heimat und deutsche Teilung, harter Arbeits-Einsatz und seelisch-geistige Unterernährung! Und dann Freiheit und Wohlstand, Auto und Fernseher, Pille und sexuelle Revolution, Vollbeschäftigung und Arbeitslosigkeit, große medizinische Erfolge und jetzt die Ratlosigkeit vor der neuen Krankheit AIDS! Und zu diesen allgemeinen Herausforderungen kommt noch das, was man im engeren Sinn die »Frauenfragen« nennt.

Hat die christliche Frau es mit alledem leichter als nichtchristliche Frauen oder schwerer? Ist sie vielleicht in ihrer Entscheidungsfreiheit gehemmt, weil innerlich gebunden? Ist sie vielleicht sogar eingesperrt in feste, überlieferte Vorstellungen, aus denen sie nicht ohne Verwundungen heraus kann? Oder ist sie umgekehrt freier, souveräner, unabhängiger von sonstigen belastenden Bindungen? Wir erleben jedenfalls alles: Beispiele großartiger Lebensbewältigung von Frauen, und das bei Armen und Reichen, bei Hausmüttern und Berufstätigen – und auf der anderen Seite Beispiele kläglichen Versagens, des Davonlaufens vor Aufgaben, des Selbsthasses, und auch dies wieder bei Armen und Reichen, bei Hausmüttern und Berufstätigen.

Zugegeben: Das alles gibt es bei Christen und Nichtchristen.

Wir alle brauchen Hilfe und Orientierung in den besonderen Frauenfragen, die in den nächsten beiden Kapiteln genauer beschrieben werden sollen.

1. Gleichberechtigt und andersartig

a) Die Frauenbewegung

Genau genommen hat es Frauenbewegungen schon vor Jahrhunderten und immer wieder gegeben. Man kann zum Beispiel die Entstehung und das mächtige Anwachsen der Frauenklöster im Hoch- und Spätmittelalter so verstehen. Aber im eigentlichen Sinn meinen wir mit dem Wort »Frauenbewegung« die des 19. und beginnenden 20. Jahrhunderts.

Sie hatte viele Ursachen: zunächst die Umstellung vom bäuerlichen und handwerklichen Haushalt und seiner umfassenden Einheit zur Arbeitsteilung in der Industrie mit der Trennung von Wohnung und Arbeitsplatz. Daraus erwuchsen einerseits ein Funktionsverlust bei der Hausfrau, andererseits die Nötigung für viele Arbeiterfrauen zur Mitarbeit in der Fabrik. Gerade letzteres bildete den Motor für den sozial gerichteten Flügel der Frauenbewegung, der, nach der Enttäuschung in der 1948er Revolution entscheidend geschwächt, in verschiedenen Strängen weiterlebte: ein Teil ging in der sozialistischen und der kommunistischen Partei auf, ein anderer Teil lebte in radikalen Einzelbewegungen und -aktionen immer wieder auf, und Ausgewanderte entwickelten einen nicht unwesentlichen Flügel der Frauenbewegung in den USA.

Eine weitere Entstehungs-Ursache der Frauenbewegung war gewiß das National- und Freiheitsempfinden aus der Zeit der napoleonischen Kriege, fortgesetzt und verfeinert in der geistigen Welt der Romantik. Hier war die Beteiligung der Frau an geistiger und künstlerischer Arbeit plötzlich nicht nur erlaubt, sondern gesucht, und man verlangte nach Formen besserer Frauenbildung und nach freieren Entfaltungsmöglichkeiten gerade für begabte Frauen. Bürgerliche Frauen begannen am Unausgefülltsein in den klein gewordenen Familien und Haushalten zu leiden, auch an Abhängigkeiten besonders der Unverheirateten. Die Frauen wollten mitdenken und mitentscheiden, auch in öffentlichen Angelegenheiten.

Die Freiheit *staatsbürgerlicher Betätigung* (Luise Otto-Peters) war ein wichtiges Ziel der Bewegung. Naturgemäß konnte sie nur langsam wachsen, entsprechend der Entfaltung demokratischer Denkweisen und Strukturen. Es hört sich heute für uns kurios an, daß Frauen schwere Kämpfe ausfechten mußten, um einen Verein gründen oder eine Zeitschrift herausgeben zu dürfen, und daß es dabei bis zu Gefängnisstrafen kam. Das Ziel der Wahlberechtigung für Frauen wurde in Deutschland bezeichnenderweise mit dem Augenblick erreicht, als 1918 das Kaiserreich verschwunden war und die Demokratie ausgerufen wurde.

Um besssere *Bildungsmöglichkeiten* wurde in Wellen und Etappen gerungen (Helene Lange, Gertrud Bäumer). Es entstanden überall höhere Mädchenschulen, zunächst zögernd, dann in immer schnellerer Folge. Der Beruf der Lehrerin konnte sich als einer der ersten Frauenberufe durchsetzen. Die Zulassung zu den Universitäten wurde 1908 erreicht; allerdings waren es noch über längere Zeit nur kleine Zahlen von Studentinnen und auch nur in einzelnen Fakultäten; zum Studium gehörte für die einzelne Frau eine überzeugende Begabung und konsequente Durchsetzungskraft. Klare akademische Berufsbilder ließen noch länger auf sich warten und mußten von den einzelnen Frauen erst formuliert werden.

Das dritte Ziel war die *Besserung der Lage der Arbeiterinnen* (Lily Braun, Clara Zetkin). Naturgemäß war hier eine enge Verknüpfung mit der Arbeiterbewegung gegeben, und so geriet dieser Flügel der Frauenbewegung in Deutschland direkt unter den Einfluß der marxistischen Gedankenwelt und in die harten parteipolitischen Kämpfe. Unter dem Einsatz der Gewerkschaften erreichte die Arbeiterin mit den wachsenden Rechten des Arbeiters bessere Löhne, kürzere Arbeitszeiten und gesündere Arbeitsplatzbedingungen – zähflüssig, Schritt für Schritt. Besondere Mutterschutz-Bestimmungen, wie sie uns heute unverzichtbar scheinen, ließen lange auf sich warten. Gewiß liegen hier schuldhafte Zusammenhänge, daß auch christlich gesonnene Vertreter der staatlichen Ordnungsmacht die Übelstände nicht schneller erkannt und energischer abgestellt haben.

Neben die klassischen drei Ziele traten von Fall zu Fall viele andere. Immer wieder tauchte der Kampf gegen die Prostitution auf, wenn auch in verschiedenem Gewand – bis heute allerdings mit wenig Erfolg. Hart daneben gab es aber auch schrille Töne einer radikalen sexuellen Revolution mit Forderungen wie Freigabe der Abtreibung und Erleichterung der Ehescheidung, z.T. vertreten durch einzelne provozierende Vorreiterinnen. Doch ließ der allgemein noch vorhandene ethische Konsens mindestens bis zum 1. Weltkrieg nicht zu, daß solche Töne breitere Zustimmung fanden – eher waren sie geeignet, die ganze Frauenbewegung in Mißkredit zu bringen. Zwischen den verschieden gerichteten Flügeln und ihren jeweiligen radikalen oder gemäßigten Gruppen gab es nicht wenig an inneren Auseinandersetzungen.

Durch das Aufkommen des Nationalsozialismus fand die organisierte Frauenbewegung in Deutschland zunächst ein abruptes Ende. Gewisse Ziele waren erreicht und nicht mehr rückgängig zu machen. Die nationalsozialistische Führung setzte zunächst ganz auf Familie und Mutterschaft, holte aber später, besonders im Krieg, die Frauen in alle nur erdenklichen beruflichen Tätigkeiten hinein. Das setzte sich in der Nachkriegszeit zunächst fort, wo die Männer fehlten und harte Aufbauarbeit keine Zeit und Kraft für weitere Überlegungen oder gar Forderungen ließ – warum auch: Notwendigerweise waren die Frauen überall am Zug.

b) Unsere heutigen Freiheiten und Möglichkeiten

Im Grundgesetz der Bundesrepublik Deutschland ist heute die Gleichberechtigung von Mann und Frau festgeschrieben. Das muß sich im juristischen Sinn in viele Bereiche hinein auswirken. Man kann natürlich weiterhin streiten, wie die einzelnen Folgerungen zu ziehen sind. Vermutlich wird keine heutige Frau mehr mit der Zeit ihrer Großmütter tauschen wollen; sie würde errungene Rechte und Möglichkeiten aufgeben müssen. Es wäre allerdings kurzsichtig und unsachlich, wenn wir frühere Zeiten wegen ihres andersartigen Gefüges abschätzig beurteilten. Wir werden zunehmend auch darauf stoßen, daß jede Freiheit ihren Preis hat.

Aber zunächst wollen wir diese unsere Freiheit gern annehmen und hochachten. Christliche Frauen sind dankbar für das, was ihnen an Möglichkeiten geboten ist; sie sehnen sich nicht nur einfach zurück nach der angeblich so schönen »guten alten Zeit«. Wer offene Augen hat für Welt und Menschen um uns herum, der entdeckt viele gute Wirkungsmöglichkeiten. Auch das, was in geschichtlichen Prozessen einmal mühsam erkämpft worden ist, kann von uns heute als *gutes Geschenk Gottes* für unser persönliches Leben verstanden und erfahren werden, als Entfaltungsspielraum mit reizvollen Angeboten und Aufgaben, als Zumutungen, an denen wir wachsen und reifen können. Größere Freiheit ist immer zusammengebunden mit größerer Verantwortung.

Erweiterte Bildung steht heute jeder Frau entsprechend ihren jeweiligen Fähigkeiten offen. Schon im Kindergarten erfährt das Mädchen wie der Junge vielseitige Förderung, und das ist wichtig vor allem für die vielen Einzelkinder, die nicht so leicht im Geschwisterkreis vieles so nebenbei lernen und abschleifen können, wie es in größeren Familien der Fall ist. Die Grundschule ist gehalten, alle Talente zu fördern und jedes Kind weiterführenden Schulen zuzuführen, die seinen Gaben entsprechen. Verschiedene Schulabschlüsse und Ausbildungsgänge stehen männlichen und weiblichen Jugendlichen aus allen Schichten offen. Allerdings muß Bildung angenommen, aufgenommen werden, sie kostet Anstrengung. Wenn auch einen erheblichen Teil der materiellen Kosten der Staat trägt – auf der geistigen Ebene gibt es keinen Nulltarif. Dabei fällt immer wieder auf, daß Mädchen fleißiger sind als Jungen, daß sie gewissenhafter und genauer die gestellten Aufgaben erledigen und darum meist mit den besseren Zeugnissen nach Hause kommen. Die früher herrschende Meinung, daß die Frau weniger Verstand habe als der Mann, ist gründlich widerlegt. Unsere Zeit hat sich voll zur Ko-Edukation hin entwickelt, wobei aber die Frage nach besonderen Formen der Mädchen-Bildung nicht ganz vom Tisch ist.

Nützen wir den geistigen Freiraum, den wir haben, für uns und unsere Kinder? Fördern wir die Töchter ebenso wie die Söhne? Lassen wir vielseitige Einflüsse und geistige Auseinandersetzung in unseren Familien zu, oder schlagen wir aus Angst vor Autoritätsverlust die Tür zu, bevor das Gespräch begonnen hat? Oder ersetzen wir das Gespräch durch Radio- und Fernseh-Berieselung? Hat Gespräch und Spiel, Singen und Festefeiern seinen Platz bei uns, oder lassen wir uns von der Freizeit-Industrie bedienen? Beziehen wir Gelesenes, Gehörtes und Erfahrenes in das Gespräch über unseren Glauben ein? Auf all diesen Feldern fallen die Entscheidungen darüber, ob das breite Bildungsangebot uns zu einem erweiterten, harmonischen Leben verhelfen kann oder ob es nur besserwisserische, anspruchsvolle und immer unzufriedene Menschen hervorbringt.

Das *Wirken und Arbeiten in der Öffentlichkeit* ist für die Frau heute selbstverständlich geworden. Der Anteil von Frauen in Vereinen und Parteien ist eine Tatsache, und er steigt ständig. Die Quotenregelung der SPD von 1988 wird hier ein neues Signal setzen. Wird sich die öffentliche Arbeit der Frau an ihren Familienaufgaben orientieren? Oder wird sie sich dem Druck beugen und die Familie aufgeben? Freilich – die jungen Väter und die im mittleren Alter kümmern sich heute deutlich mehr um Kinder und Haushalt, als das früher der Fall war, und ermöglichen so den Frauen mehr Teilnahme am öffentlichen Leben. Teilzeit-Arbeit, flexible Arbeitszeiten und Wiedereingliederung erleichtern den Frauen langzeitlich Berufsarbeit. In den Kirchenvorständen und Synoden ist es schon lange ein gewohntes Bild, daß die Frauen einen gewichtigen Anteil stellen, und vielfach ist die zahlenmäßige Hälfte schon erreicht, in Einzelfällen sogar überschritten. Das Existieren unserer Behörden und Gemeinden und vieler Berufszweige wäre undenkbar ohne die Mitarbeit von Frauen. An vielen Stellen hat sich durch die Beteiligung von Frauen auch einiges gewandelt im Betriebsklima, sind Härten gemildert, Räume verschönert, Umgangsformen menschlicher geworden. Auch was in den Anfangszeiten beruflicher Tätigkeit von Frauen noch als Leitlinie galt, nämlich daß Frauen so viel besser seien, so viel mehr leisten müßten als Männer – auch das hat sich deutlich gemildert und normalisiert. Es gibt qualifiziertes Können und große Leistung unter Männern und Frauen, aber auf der anderen Seite ebenso auch auf beiden Seiten die Versager und die vielen Durchschnittlichen.

c) Fragen und Probleme der Gleichberechtigung

Wo viel Freiheit ist, da ist viel Verantwortung. Da entdecken wir, daß wir neue Leitlinien, gemeinsame Überzeugungen und helfende Menschen brauchen, um die Freiheit bewältigen und die Verantwortung wahrnehmen zu können. Wenn drückende Probleme gelöst sind, herrscht zunächst immer eine verständliche Freude und Hochstimmung. Aber wenn die Euphorie abgeklungen ist, tauchen in aller Regel neue Probleme auf, die man zunächst nicht im Blick haben konnte, weil sie gerade durch die neuen Bedingungen erst entstehen und langsam ins Bewußtsein vorrücken. Unter vier Stichworten wollen wir solche neuen Problemfelder betrachten.

Frauenberufe

Als im vorigen Jahrhundert die ersten Frauen in außerfamiliäre Berufstätigkeit hinein vorstießen, waren es natürlich Berufsfelder, die der häuslichen Tätigkeit der Frau nahe lagen. Das waren pflegerische und erzieherische, dann auch handwerkliche und künstlerische Tätigkeiten. Das »*Dienstmädchen*« im Haushalt hatte es vorher schon gegeben. Hier gehörte zum Berufsbild gerade die umfassende Vielseitigkeit der im Haushalt vorkommenden Arbeit und die familiäre Anbindung. Der Lohn in Geldwert blieb vergleichsweise gering, weil der Hauptanteil des Lohnes in der »freien Station«, im gewährten Lebensunterhalt bestand. Allerdings war dieses Dienstmädchen auch der jeweiligen Herrschaft ziemlich ausgeliefert, im Glücksfall geliebt und geachtet und bis ans Lebensende versorgt, im schlechten Fall ausgenutzt und alleingelassen. Im Normalfall hatte das junge Mädchen im fremden Haushalt vieles gelernt, was es nach der Heirat im eigenen Haushalt brauchen und anwenden konnte; sie war gerüstet für ihre Aufgabe als Frau und Mutter.

Ein Problem blieben die unverheirateten Frauen, die als mithelfende Schwestern und Tanten wenig eigenen Gestaltungsraum hatten. Diese brachliegenden Kräfte rief Theodor Fliedner schon in den 30er Jahren des 19. Jahrhunderts in die Krankenpflege, die dringend verbesserungsbedürftig war, und erneuerte so das altkirchliche Amt der *Diakonisse.* Durch die Gründung von *Mutterhäusern* und die gemeinsame Tracht bot er ihnen Schutz und Heimat, und sie hatten den nötigen Rückhalt für ihre schwere Arbeit und Sicherung für ihr Alter. In der Folgezeit blühten viele Diakonissenhäuser auf und taten ihren guten Pflegedienst in Krankenhäusern und Gemeinden, daneben auch in Aufgaben der Erziehung und Heimleitung. Es kamen nun nicht nur die aus irgendwelchen Gründen unverheiratet gebliebenen, sondern auch die zur Ehelosigkeit und zum Dienst berufenen Frauen in die Diakonie. – Heute scheinen die Diakonissenhäuser kaum mehr Nachwuchs zu bekommen, trotz der versuchten Öffnung zum Stand der sogenannten »Verbandsschwester«, die heiraten und im Teilzeit-Vertrag in loser Anbindung an ihr Mutterhaus mitarbeiten kann. Sollte die Zeit der Mutterhaus-Diakonie wirklich vorbei sein? Wir würden etwas Wichtiges und Wertvolles für die christliche Gemeinde verlieren!

Früh holte sich die beginnende Industrialisierung neben dem Mann auch die Frau als *Arbeiterin,* hier gerade für einfache, untergeordnete Tätigkeiten mit langer Arbeitszeit und geringem Lohn. Mit der fortlaufenden Durchsetzung von Forderungen der Arbeiterbewegung und der Gewerkschaften bekam auch sie Verbesserungen und Erleichterungen und Zugang zu Anlern- und Lehrberufen, allerdings immer mit erheblicher Zeitverzögerung. Noch heute arbeiten viele Frauen an Maschinen, am Fließband und im Akkord, also unter Bedingungen, die nicht als dem Wesen der Frau entsprechend bezeichnet werden können. Das Motiv dazu ist dann der Gelderwerb, oft die blanke Notwendigkeit für den Familien-Unterhalt. Heute sind sie häufig von Arbeitslosigkeit bedroht und können und wollen deshalb umso weniger den Arbeitsplatz auch nur auf Zeit aufgeben, selbst wenn Familie und Gesundheit dies dringend erfordern.

Aus den bürgerlichen Ständen kamen im 19. Jahrhundert die ersten *Lehrerinnen.* Sie wurden schnell beruflich und staatlich anerkannt. Der anfängliche Status der Hauslehrerin verlagerte sich bald an Schulen; aus den anfänglich privaten Mädchenschulen wurden öffentliche. Mit dem weiteren Ausbau des Schulwesens bekam die Lehrerin umfassendere und differenziertere Aufgaben in allen Schularten, auch an Berufsschulen, Fachschulen und Gymnasien. Das letztere erforderte dann zwingend ihre Ausbildung an Hochschulen und Universitäten, wo es die Medizinerinnen zunächst schwer hatten, sich aber dank der Hilfe einzelner verständnisvoller Professoren durchsetzten.

Aus dem Beruf der Lehrerin und parallel dazu entfalteten sich weitere Berufsbilder für Frauen. Soziale Nöte erforderten die *Fürsorgerin,* die auf sozialen Frauenschulen ausgebildet wurde. Später wurden daraus Wohlfahrtsschulen und schließlich Fachschulen für Sozialarbeit. Heute heißen die dort ausgebildeten Absolventen, Männer und Frauen, als Berufsbezeichnung »Sozialarbeiter/in«. Die weitere Auffächerung der pädagogischen Aufgaben führte zum Beruf der *Kindergärtnerin,* die der pflegerischen zur *Arzthelferin.*

Auf dem kirchlichen Feld erforderte die aufblühende Vereins- und Gruppen-Arbeit die *Gemeindehelferin,* ausgebildet an qualifizierten Seminaren (Burckhardthaus, MBK-Haus) und später zahlreichen Bibelschulen.

Nach Öffnung der Universitäten kam dazu die *Theologin,* zunächst mit Aufgaben in der Diakonie, der Frauen- und Jugendarbeit, und dann im 2. Weltkrieg gebraucht in den Gemeinden. Nach längeren Kämpfen sind sie jetzt praktisch überall zugelassen zu Ordination und Gemeindepfarramt.

Weitere Berufe, die man als typische »Frauenberufe« empfand, erschlossen sich mit der Entwicklung des Einzelhandels zu größeren Einheiten als *Verkäuferin* in den verschiedenen Fach-Sparten, mit der Ausweitung des Verwaltungs- und Dienstleistungsbereichs als *Sekretärin* in den Büros der Wirtschaft und der Verwaltung. Ein Großteil der heutigen jungen Mädchen strebt in diese Berufe, und sie gelten als angenehme Arbeitsplätze, weil sie vielfältige menschliche Kontakte bieten und einen Rückzug auf Zeit für Familienaufgaben und einen späteren Wieder-Einstieg verhältnismäßig leicht ermöglichen.

Heute haben Mädchen Zugang gewonnen zu *fast allen Berufen.* Da die Anforderungen an die Körperkraft so gut wie überall zurückgegangen sind und mehr die geistigen und seelischen Kräfte gefordert werden, sind weithin die Gründe weggefallen, die Frauen von vielen Berufen abhielten. Es gehört zur heutigen allgemeinen

Überzeugung, daß man die Diskriminierung der Frauen dadurch abbauen müsse, daß jeder angebotene Arbeitsplatz und jede ausgeschriebene Stelle für beide Geschlechter offen sein müsse. Darf es demzufolge spezielle Frauenberufe gar nicht mehr geben?

Kinder

In früheren Zeiten war es selbstverständlich, daß die Familien eine ganze Reihe, oft eine große Anzahl Kinder hatten. Heute ist die Lage extrem anders: die Geburtenzahlen sind alarmierend zurückgegangen, und als das Normale wird die 1- oder 2-Kinder-Familie empfunden. Die Gründe dafür sind vielfältig. Überall in der Welt kann man beobachten, daß gestiegener *Lebensstandard* die Kinderzahl herabdrückt. Offenbar läßt der wachsende Wohlstand gerade nicht mehr Kinder fröhlich und unbeschwert ins Leben hineinwachsen, sondern es ist genau umgekehrt: Die Armen haben viele Kinder und betrachten sie als ihren Reichtum, und die Reichen sind besorgt, wie sie ihre Güter zusammenhalten können. Im Weltmaßstab bestehen berechtigte Sorgen, wie lange die Menschheit noch wachsen dürfe, bis die Grenze dessen erreicht ist, was unsere Erde tragen und ernähren kann. Davon abgeleitet und im Blick auf bedrohliche Probleme auf den Feldern der Friedens- und Ökologie-Politik kommen heute junge Leute zu der Überzeugung, daß man keine Kinder mehr in diese schlimme Welt setzen dürfe.

Aber es gibt auch ganz andere Gründe und Zusammenhänge. Nachdem früher geübte Methoden der Empfängnisverhütung nur teilweise wirksam waren, hat die »*Pille*« es den Frauen in die Hand gegeben, auf sehr einfache Weise eine Empfängnis zu verhüten. Diese Pille erfuhr einen ungeheuren Siegeszug. Nach anfänglicher medizinischer Unsicherheit wurden auch die moralischen Bedenken schnell beiseite gefegt und die Pille von den Frauen in voller Breite akzeptiert und angewandt. Die Folge zeigte sich bald im rapiden Rückgang der Geburtenzahl, der sich heute als sogenannter »Pillenknick« an der Bevölkerungspyramide deutlich abzeichnet.

Ein weiterer Grund liegt gewiß auf dem Gebiet der *Frauen-Berufstätigkeit.* Lange und differenzierte Ausbildungszeiten und später Eintritt in den Beruf lassen beide Ehepartner den Wunsch haben, daß Kinder erst spät geboren werden sollen, wenn man erst einmal seinen beruflichen Ort gefunden und sein Haus gebaut hat. Wenn man dann meint, sich jetzt endlich ein Kind »leisten« zu können, dann sind viele Verhaltensweisen so eingefahren, daß sie ganz schwer um des Kindes willen geändert werden können; dieses Kind wird als Räuber der persönlichen Freiheit empfunden, und es ist zumindest zu fragen, ob so ein Wohlstands-Nest die richtige Wärme bereithält oder diese nicht viel eher bei den materiell Armen zu finden ist. Sicher gibt es Ehepaare, wo Vater und Mutter die Betreuungs-Aufgabe sehr ernst nehmen, sie sich getreulich teilen, und die besorgten Väter sind ein erfreuliches Bild unserer Zeit. Aber überbehütete *Einzelkinder* sind im Nachteil gegenüber Geschwister-Kindern. Der Staat hilft jungen Eltern finanziell, damit Mütter (oder auch Väter) im ersten Lebensjahr bei ihrem Kind bleiben können. Aber reicht ein Jahr aus? Ist die Mutter-Aufgabe nicht viel umfassender als Wickeln und Füttern? Ist sie nicht begleitende Erziehung und schützendes Einführen in das Leben?

In unserer heutigen Welt wird oft die *Kinderfeindlichkeit* beklagt, zumeist im Zusammenhang mit ablehnenden Vermietern, ruhebedürftigen Nachbarn, fehlenden Spielplätzen oder mit Fällen elterlicher Kindesmißhandlung. Fängt die Kinderfeindlichkeit nicht viel früher an, nämlich da, wo junge Paare sich bewußt »gegen ein Kind entscheiden«? Und wo als letztes Mittel, wenn alle Stränge reißen, dann die Abtreibung als »durchaus legitim« erscheint? Oder wo Ausdrücke fallen wie »ein Kind machen«? Manchmal greift Gott souverän ein und durchkreuzt unser menschliches Herrschaftsgelüste auf irgendeine Weise. Er bleibt immer noch der *Schöpfer und Herr des Lebens.* Uns Menschen als Eltern kommt es zu, staunend und dankbar das Leben zu empfangen und es behutsam zu tragen, zu versorgen, zu entfalten, und dann auch schrittweise wieder loszulassen.

Lebensplanung

Wie soll eine Frau nun aber mit ihrem Beruf und mit ihrer Aufgabe der Kinder-Erziehung umgehen? In der 1. Phase der Frauen-Berufstätigkeit ging man davon aus, daß beides sich ausschließe und deshalb im Leben der jungen Frau die Berufstätigkeit nur eine *kurze Phase* sein könne bis zur Ehe oder höchstenfalls bis zur Geburt des ersten Kindes. Deshalb lohne sich eine größere Investition in die Ausbildung von Frauen nicht, denn »sie heiratet ja doch«.

Dann kam eine Phase der *Berufs-Euphorie.* Man meinte, den Sinn des Lebens auch für die Frau nur vom Beruf her verstehen zu sollen. Man redete den »Nur-Hausfrauen« ein, sie seien zu kurz gekommen und benachteiligt. Man forcierte den Bau von Kindergärten und -krippen, damit die Mutter möglichst schnell von ihren Kindern weg an den Arbeitsplatz zurückkehren könne. Und Kinder fragten einander verächtlich: »Was, deine Mutter arbeitet nicht?«

Heute denken wir wieder differenzierter, und Erziehungsarbeit früherer Jahrzehnte bekommt nach der Durststrecke der Verachtung jetzt ihren späten Renten-Lohn. Wir ringen heute um die *Vereinbarkeit von Hausfrauen- und Mutter-Tätigkeiten mit dem Beruf.* Dabei gibt es naturgemäß verschiedene Modelle, die miteinander oft hart im Streit liegen. Das lange Zeit propagierte Modell der aufeinanderfolgenden *3 Phasen* im Leben der Frau (Berufstätigkeit – Erziehung der Kinder – Rückkehr in den Beruf) ist fragwürdig geworden, einmal weil bei nur einem Kind oder höchstens zwei die Frauen sich sehr schnell wieder unausgefüllt vorkommen, und zum andern weil die Rückkehr in den Beruf durch die vermehrte Arbeitslosigkeit und durch die schnelle technische Entwicklung unsicher geworden ist. Vom volkswirtschaftlichen Standpunkt her müßte man den Frauen gutverdienender Männer nahelegen, auf Berufstätigkeit zu verzichten. Gerade dort stößt man dann aber oft auf das Argument, daß man nicht um des Geldes willen berufstätig sei, sondern weil der Beruf Freude und Erfüllung schenke. Und wofür habe man auch die vielen Jahre fleißig studiert? Es haben so gut wie alle jungen Frauen ihren Beruf, und sie wollen ihn alle festhalten. Nicht selten wird das ganz unverhohlen damit begründet, daß man ja nicht wisse, ob die Ehe halte oder man irgendwann sich und seine Kinder würde allein durchbringen müssen. Es werden Formen von *Teilzeit-Arbeit* und *flexibler Arbeitszeit* angeboten und gerade von Müttern sehr gesucht. Aber nicht in allen Berufen sind solche Lösungen möglich. Im Gespräch sind auch die verschiedenen Modelle von Dranbleiben am Beruf durch Teil-Aufgaben, durch *Teil-Aufgaben,* die man zu Hause erledigen kann, oder durch zielstrebige *Weiterbildung* bis zu einem Wieder-Einstieg, durch kurzzeitige *Urlaubsvertretungen* und durch bleibende menschliche *Kontakte* mit den Berufskollegen.

Manche Frau brauchte nicht die Arbeitslosen-Statistik zu belasten, sondern könnte einen guten Ausgleich zur Familien-Arbeit in *ehrenamtlichen Aufgaben* verschiedener Art finden. Es ist geradezu albern, ehrenamtliche Tätigkeiten als ehrenrührig, als eine Form von Unterdrückung der Frau abzustempeln. Wo kämen unsere Kirchengemeinden hin ohne die vielen, die ehrenamtlich mittun und sich einsetzen? Aber auch weltliche Verbände, Vereine, Parteien und selbst der Staat sind auf Menschen angewiesen, die sich selbstlos einsetzen. Übrigens: Nachbarschafts- und Verwandten-Hilfe ist auch ein wichtiges Feld, das dringend freie Kräfte braucht. Wo kämen wir denn hin, wenn alles eingespannt und reglementiert wäre bis zum Äußersten und der Freiraum des Privaten total eingezwängt in der Ecke stünde?

All das bisher Genannte gehört zu den Herausforderungen unserer heutigen Welt, aber noch nicht ohne weiteres zu den schlimmen und bösen. Sie sind gleichsam die Bedingungen, unter denen wir heute leben , und zwar jener Ausschnitt von Bedingungen, die uns Frauen besonders angehen. Sie sind für uns eine Herausforderung insofern, als wir uns ihnen stellen und ihnen gegenüber Entscheidungen treffen müssen. Sie sind in sich neutral, können uns zum Guten sein oder auch sich verhängnisvoll auswirken, je nachdem, wie wir mit ihnen umgehen. Ich kann mir vorstellen, daß man Gott für all dies danken kann: für Ausbildung und Beruf – aber auch für das Entsagen von Berufstätigkeit und das Suchenmüssen nach neuen Wegen; für die Kinder, die Gott schenkt, und für die Pille, die der Ehe ein angstfreies Miteinander möglich macht; für die Aufgaben, die Gott für uns bereit hat, und für neue Aufgaben, die sich zeigen, wo alte beendet sind; für kraftstrotzende Zeiten unablässiger Tätigkeit und für Pausen und Ruhezeiten, die Gott uns auf mancherlei Weise verordnet.

Es gibt aber noch eine andere Art von Herausforderungen, die nicht so in sich wert-neutral sind, sondern die uns entgegentreten im Gewand geprägter Ideologien. Diesen wollen wir uns im folgenden Abschnitt zuwenden. Sie erfordern einen geschärften Blick, damit wir ihre Versuchungen erkennen, sie durchschauen und beurteilen lernen, um schließlich zu wissen, wie wir uns ihnen gegenüber entscheiden wollen.

2. Im Karussell der Ideologien

Ideologien sind nicht Realitäten, die man klar ins Auge fassen kann. Zunächst sind sie *Ideen,* Zielvorstellungen, Wunschträume, wie wir Menschen sie immer in vielfältiger Weise haben. Als solche sind sie irreal, unwirklich und flüchtig. Es kann etwas Wunderschönes sein, sich eine vollkommene Welt zu erträumen. Manche Züge von Träumen lassen sich nach dem Aufwachen versuchsweise nachvollziehen. Man sagt, daß Erfindungen die Intuition brauchen und ohne solche vorweg-geträumten Utopien nicht möglich seien. Wo sich der Traum der nüchternen Erprobung stellt, da kann er auch fruchtbar werden.

Aber wir Menschen gehen mit unseren Ideen und Wunschträumen oft in eine andere Richtung weiter: Wir versuchen festzuhalten, nachzuzeichnen und immer genauer zu präzisieren. Wenn sie dann so in den Mittelpunkt des Denkens geraten, daß wir darauf fixiert sind und nichts anderes mehr zu sehen vermögen, dann sind wir auf dem Weg zur *Ideologie.* Wir machen dann alle nur erdenklichen Anstrengungen, unsere Meinung gedanklich zu stützen, am liebsten wissenschaftlich zu untermauern, und setzen sie am Ende so absolut, daß nichts anderes daneben mehr gilt.

Jede Ideologie findet ihre Anhänger, die sie lautstark vertreten und die Öffentlichkeit davon zu überzeugen versuchen. Die sich verbreitende allgemeine Meinung, der nun einsetzende »Trend« des Denkens setzen den einzelnen unter erheblichen *Druck,* dem er sich nur schwer entziehen kann.

Gewiß gibt es auch gegenläufige und einander widerstreitende Ideologien, ja immer wieder auch erstaunliche ideologische Trend-Wenden, die ein einfaches »Hochrechnen« in die Zukunft hinein fragwürdig machen. Deshalb beschleicht uns oft das Gefühl, in einem Karussell der verschiedensten Ideologien zu stecken, in dem man gar nicht mehr wissen kann, was man denken soll. Manche geben das eigene Denken in dieser Lage überhaupt auf und gehen nur den jeweils nächstliegenden und am plausibelsten scheinenden Weg mit.

Christen dürfen es sich so bequem nicht machen. Die müssen sich der Anstrengung unterziehen, den Durchblick zu suchen und zu gewinnen.

Wir wollen hier besonders den Weg jener Ideologie betrachten, für die der Name *Feminismus* geprägt wurde – auch dies ein bunter Strauß von Ideen, die als zündender Funke schnelle Verbreitung gefunden haben. Auch diese Ideologie ist mit vielerlei Gedankengut gestützt und untermauert worden, hat Anhängerinnen gefunden und übt inzwischen einen nicht geringen Meinungsdruck aus. Auch sie hat attraktive und überzeugende Züge, oft hart neben erschreckenden und abstoßenden. Wir müssen sie kennen, müssen auch ihre verborgenen und verführerischen Spuren wahrnehmen, um uns entscheiden zu können, ob wir uns ihrem Einfluß aussetzen oder ihr widerstehen wollen. Einen Raum der Neutralität läßt sie uns kaum.

a) Der Aufstand der Frauen

Nach dem 2. Weltkrieg und den harten ersten Jahren des Aufräumens und des beginnenden Wiederaufbaus fingen zunächst die alten Reste der Frauenbewegung wieder an, sich zu rühren. Viele

Frauen, die durch das Kriegsschicksal auf sich allein gestellt waren und in ihrem Beruf Imponierendes leisteten, forderten nun die Anerkennung und Erweiterung ihrer Rechte und schlossen sich neu entstandenen Frauenverbänden an. In den demokratischen Gremien machte man sich daran zu überprüfen, wo die im Grundgesetz garantierte Gleichberechtigung der Frau zu Konsequenzen in der Einzel-Gesetzgebung führen müsse. So sind, nicht ohne vorhergehende längere Auseinandersetzungen, *Gesetzesänderungen* im Eherecht (Mutterschutz, Besitzstand, Namensrecht, Scheidungsrecht, Abtreibung) durchgekommen. In diese Veränderungen floß aber je länger je mehr schon ein neues Verständnis von der Rolle der Frau hinein, das von der feministischen Bewegung angetrieben und von ihren Grundbegriffen geprägt war. Heute zeigen sich deutliche Mängel und verhängnisvolle Entwicklungen, die in diese Gesetzesänderungen hineinprogrammiert wurden. Einerseits werden da und dort behutsame Korrekturen, Ergänzungen oder gar Zurücknahmen versucht. Zum andern setzen sich aber auch Forderungen nach Weiterentwicklung in die eingeschlagene Richtung durch: das Recht des Individuums als oberstes Gebot. Dabei geht es auch um Fragen, wie die in immer größerem Umfang entstandenen außerehelichen Partnerschaften rechtlich zu beurteilen und zu behandeln seien.

Die Forderungen

Je mehr die Frauen an Gleichberechtigung in der Öffentlichkeit gewannen, umso lauter wurden ihre Anklagen und Forderungen.

Die Feministinnen studieren die Statistik und rechnen nach, wie viele Frauen unter der Gesamtzahl der Berufstätigen sind, in welchen Berufen sie arbeiten, wie zwar die Zahlen zunehmen, aber im Verhältnis zur Gesamtbevölkerung noch lange nicht befriedigend seien. Vor allem wird kritisiert, daß die Frauen im Verhältnis zu den Männern ein deutlich *geringeres Einkommen* haben. Einmal liege dies an der immer noch nachweisbaren direkten Benachteiligung (verschieden hohe Löhne für gleiche Arbeit), zum zweiten an der Einstufung von Frauen in die sogenannten »Leichtlohngruppen«, und schließlich an der Tatsache, daß so wenig Frauen in gehobenen Stellungen zu finden seien. Neuerdings wird der Beweis mit dem höheren Anteil von Frauen in der Arbeitslosenstatistik geführt.

Mit der Statistik kann man viel machen, und in den Medien wird ständig durch solche Nachrichten der Eindruck von der unterprivilegierten Frau warmgehalten. Dabei unterschlägt man die Tatsache, daß viele Frauen um ihrer Aufgaben in der Familie willen im Beruf

Pausen einlegen, Beförderungen und verantwortungsvolle Posten bewußt nicht annehmen, sondern lieber in *untergeordneter Tätigkeit* bleiben und durch Halbtagsarbeit in einer absichtlichen inneren Distanz zum Beruf bleiben wollen. Wer Familie und Beruf verbinden will, kann es doch nicht als Ungerechtigkeit beklagen, daß Frauen nicht die Spitzenpositionen einnehmen. In die Erziehung von Kindern investiert eine Mutter einen guten Teil ihrer Lebenskraft, immer mehr als der Vater. Auch die berechtigten Aufforderungen zur Mitarbeit des Mannes in der Familie ändern nichts an der Grundtatsache, daß die Frau hier mehr gefordert ist. Völlige Gleichmacherei und Austauschbarkeit der Rollen von Mann und Frau ist eine realitätsblinde Utopie.

Ähnlich ist es mit der Beteiligung von Frauen im politischen Leben. Die Parteien wetteifern miteinander bei der Veröffentlichung von Zahlen ihres Frauen-Anteils an Mitgliedern, Delegierten, Abgeordneten, Staatssekretären und Ministern. Und sie werfen es sich noch viel eifriger vor, wo sie beim politischen Gegner an dieser Stelle Lücken wittern. Wehe der Oppositionspartei, die in ihrem »Schattenkabinett« nicht wenigstens eine Frau vorweisen kann! Damit diese nicht eine »Alibifrau« ist, müssen es lieber zwei sein! Hier haben feministische Forderungen voll durchgeschlagen. Allerdings, wo eine Partei es mit einer reinen »Frauenriege« versucht, da fängt man doch an zu fragen. Und ganz so sicher sind sich die Parteien auch nicht mehr, ob sie sich mit dem *Proporz* etwas Gutes tun oder eher Fesseln anlegen.

Das alles geschieht angeblich, um die Wählerstimmen der Frauen zu bekommen. Aber wird hier nicht ein unwürdiges Spiel mit uns Frauen getrieben?

Emanzipation

Dieser Begriff wurde für die Feministinnen zum Kernpunkt ihrer Vorstellungen von Freiheit und Selbständigkeit. Aber wenn man der Geschichte dieses Begriffs nachgeht, dann entdeckt man, daß hier eine völlige Umkehrung vor sich gegangen ist. Das Wort »Emanzipation« kommt aus dem Lateinischen. Es bezeichnete im römischen Recht die Entlassung des Sohnes oder eines Sklaven aus dem »mancipium«, dem Herrschaftsbereich des Hausvaters. Es handelt sich dabei deutlich um eine Bewegung vom Mächtigen zum bisher Machtlosen hin, um einen Vorgang des Gewährens und Schenkens, um ein Freiwerden durch *Freilassung.*

In der Aufklärungszeit und vor allem durch die Ereignisse der französischen Revolution 1789 wurde die Bewegungsrichtung umgekehrt: Jetzt verstand man unter Emanzipation den Vorgang, mit dem eine unterdrückte Gruppe sich *selbst ihre Freiheit erkämpft.* Gelegentlich tauchte der Begriff auf im Zusammenhang mit den Juden und ihrer Befreiung aus den Einschränkungen des Gettos. Mit der Zeit wurde der Begriff immer ausschließlicher angewandt auf die Frau, je mehr die Überzeugung Boden gewann, daß sie unterdrückt sei und sich ihre Befreiung erkämpfen müsse.

So jedenfalls hat die Frauenbewegung den Begriff übernommen, und so lag er für die Feministinnen bereit. Gerade für ihr Lebensgefühl wurde der neue Bewegungsablauf dieses Begriffs zu einem wichtigen Träger: Wir sind bisher unten und müssen uns den Weg nach oben erkämpfen. Wir sind unserer Sache sicher und werden nicht ruhen, bis das hochgesteckte Ziel der völligen Gleichstellung durch Emanzipation erreicht ist.

Französische und amerikanische Vorbilder

Zwei Bücher haben bei der Entstehung der feministischen Welle in Deutschland eine wichtige Rolle gespielt, vor allem nach ihrem Erscheinen in deutscher Sprache. Es war *Das andere Geschlecht* von Simone de Beauvoir, der »Lebensgefährtin« des Philosophen Jean Paul Sartre (Le deuxième Sexe 1949), und *Der Weiblichkeitswahn* von Betty Friedan (The Feminine Mystique 1963). Beide Autorinnen vertreten in verschiedener Weise die These, die Frau sei grundsätzlich nicht anders als der Mann. Die Verschiedenheit der Geschlechter sei nicht natur-, sondern kultur-bedingt. Es gäbe nicht das immer wieder genannte besondere »Wesen der Frau«. Vielmehr sei die Frau durch die jahrhundertelange kulturelle Entwicklung so geprägt worden. Man erwarte von ihr bestimmte Verhaltensweisen. Jedes kleine Mädchen werde durch die Erziehung in die vorgezeichnete Bahn gelenkt, so daß es gar nicht anders könne, als diesen Vorstellungen und Erwartungshaltungen zu entsprechen – man habe es ja zu dem gemacht, was es nun sei. Deshalb müßten die Frauen sich bewußt von dieser Bevormundung freikämpfen und ihr Erwachsensein, ihre Mündigkeit erreichen, in der sie dem Mann dann immer ähnlicher würden.

Heute bezeichnet man die Richtung dieser beiden Autorinnen als den »konservativen Feminismus«. Sein Ziel ist die Teilhabe der Frau an allen Rechten des Mannes und die völlige Gleichberechtigung und soziale Partnerschaft.

Die Studentenrevolte von 1967/68

Sie wurde zum Auslöser für die eigentliche Bewegung des Feminismus, jedenfalls in Deutschland. Mit explosiver Gewalt entlud sich viel aufgestauter Groll bei den Studenten, zunächst über die »verkrusteten Strukturen« an den Universitäten, bald aber weit darüber hinaus über die Formen von »staatlicher Gewalt« und die »bürgerlichen Normen« überhaupt.

Hier fühlten sich die Frauen in ihrem Unbehagen verstanden und gingen zunächst in der allgemeinen Aufbruchstimmung mit auf die Barrikaden. Sie lernten dort die Taktik, wie eine zu allem entschlossene Minderheit die Mehrheit überspielen kann durch endlose Diskussion und späte Abstimmungen weit nach Mitternacht. Sie ließen sich hineinnehmen in die weltanschauliche Untermauerung durch den *Neo-Marxismus* von Ernst Bloch und Herbert Marcuse. Allerdings mußten sie auch erfahren, daß sie in den überall entstandenen Wohngemeinschaften und Kommunen doch wieder von den Genossen als Frauen ausgenutzt wurden, und begannen sich abzusetzen in Einzel-Partnerschaften oder in Frauengruppen.

Auch nach dem Abklingen der akuten und spektakulären Ereignisse jener Jahre waren die weiteren Wirkungen der Studentenrevolte tiefgreifend. Es begann der »Lange Marsch durch die Institutionen«, der vor allem auf *»emanzipatorische Erziehung«* der künftigen Generation setzte. Von der Theorie her, daß der Mensch ein formbares Produkt seiner Erziehung sei, sollten die Kinder schon früh zur Kritik an Eltern, Lehrern und allen Institutionen erzogen werden. Über das »kritische Denken« hinaus sollten sie dann in weiteren Schritten zur Loslösung vom bisher gültigen Wertesystem und zur Aufstands-Bereitschaft gegen alle Institutionen kommen.

Es ist eine Tragik, daß die Studenten, die damals reihenweise in den Lehrer-Beruf gingen, um an diesem Ziel zu arbeiten, heute in Amt und Würden sind, während junge Lehrer der nächsten und übernächsten Generation arbeitslos vor der Tür stehen. In manchen Schulbüchern gibt es schlimme Beispiele einer skrupellosen Aufhetzung gegen die Eltern und einer zynischen Verhöhnung von ethischen Werten und Glaubensaussagen – auch sie sind Frucht dieser Bewegung.

Gewiß soll Erziehung zur Mündigkeit und eigenen Urteilskraft hinführen. Aber kritisch denken kann nur, wer zuvor überhaupt denken gelernt hat. Zuerst muß das Handwerkszeug bereitgestellt werden, das Grundwissen angelegt sein, mit dem der Schüler dann stufenweise zur selbständigen Handhabung geführt werden kann. So hat es jedenfalls eine verantwortliche Pädagogik immer gemacht. Eine ideologisch verbohrte »emanzipatorische Erziehung« ist unverantwortlich, und Eltern dürfen und müssen sich dagegen wehren, denn hier droht unseren Kindern Verführung.

Der »Klassenkampf« der Geschlechter

Unter dem Einfluß der Studentenrevolte und ihres neomarxistischen ideologischen Hintergrundes geriet der bisherige Kampf der Frauen um ihre Gleichberechtigung immer mehr zu einer Art Klassenkampf zwischen den Geschlechtern. Wie im marxistischen Klassenkampf das Ziel die Aufhebung der Klassen-Unterschiede ist, so im Geschlechterkampf die Aufhebung der Geschlechts-Unterschiede. Schon rein äußerlich in Kleidung und Gehabe geben sich diese Frauen männlich. Sie wollen auch nicht ritterlich umworben und geschützt werden, sondern allein ausgehen und durch Leistung imponieren; sie planen die auch auf Mann und Kinder aufgeteilte Hausarbeit und scheuen vor dem »Hausfrauen-Streik« nicht zurück. Manche streitbaren Frauengruppen lehren die Männer das Fürchten, so daß diese keinen Mucks mehr sagen und keinen Widerstand mehr wagen.

Bei jeder Gelegenheit wird dem Mann pauschal »*Sexismus*« unterschoben. Dieser Begriff meint nicht etwa eine Sexualisierung der Öffentlichkeit, wie das deutsche Sprachempfinden vermuten ließe. Er ist im Gegenteil geprägt vom Amerikanischen, aus dem er direkt übersetzt wurde, und meint eine Überbetonung des eigenen (männlichen) Geschlechts und seiner Verhaltensweisen und eine Diskriminierung des anderen (weiblichen) Geschlechts und seiner Eigenart. Man brandmarkt den so festgestellten Sexismus dann mit der Aussage, er sei so etwas wie Rassismus und müsse schleunigst abgeschafft werden. Daß man dabei in einen eigenen weiblichen Sexismus hineingeraten könnte, wie es umgekehrt zum weißen Rassismus auch einen schwarzen gibt, darüber wird nicht nachgedacht.

b) Die Auflösung von Ehe und Familie

Die Abtreibungs-Kampagne

Einen neuen Schub und eine neue aggressive Prägung erhielt der Aufstand der Frauen durch die jahrelange Diskussion um den § 218, das Gesetz über die Abtreibung. Immer lauter wurde nach einer völligen Abschaffung dieses Gesetzes gerufen, also nach völliger Straffreiheit des Schwangerschafts-Abbruchs. Schließlich bezichtigten sich Frauen in der Illustrierten »Stern« 1971 selbst unter der Überschrift »Ich habe abgetrieben«. Der Staat konnte dem nichts entgegensetzen, schon gar nicht ein juristisches Aufgreifen dieser Fälle, weil sie plötzlich in solchen Massen auftraten. Und schon fanden sich die Züge demonstrierender Frauen auf den Straßen zusammen unter der Parole »Mein Bauch gehört mir«. Unter solchem massiven und explosiven Druck korrigierte der Bundestag zunächst (1974) das Gesetz im Sinn der »Fristenlösung«, mußte es allerdings nach einem Urteil des Bundesverfassungsgerichtes zwei Jahre später zur heute noch gültigen sogenannten »Indikationslösung« verändern.

Inzwischen hat sich erwiesen, daß keineswegs die Abtreibungszahlen wie erwartet zurückgingen, sondern daß sie weiter anstiegen. Es hat sich gleichzeitig gezeigt, daß die Vorstellung, ein Embryo sei in den ersten Wochen nur eine gallertartige Masse und noch kein Mensch, nicht haltbar ist. In mühsamer Meinungsbildungs-Arbeit hat sich wieder das Wissen durchgesetzt, daß vom Augenblick der Befruchtung an ein Mensch da ist. Inzwischen gibt es die technischen Möglichkeiten der Befruchtung außerhalb des Mutterleibes und damit neue Probleme auf diesem Gebiet, die eine gesetzgeberische Klärung dringend erfordern. Seit dem Aufkommen der »Pille« und dem Abtreibungsstreit ist dies nun innerhalb von 25 Jahren der dritte heftige Angriff auf Ehe und Familie. Nachdem der Feminismus die ersten beiden voll mit getragen hat, wird er jetzt bei diesem dritten selbst unsicher und gespalten, aber nicht, weil es ihm um die Familie oder die Ehe ginge, sondern weil er hier die Menschenwürde der Frau auf dem Spiel stehen sieht.

Es bleibt aber eine geschichtliche Tatsache, daß die Abtreibungs-Kampagne den Feminismus entscheidend geprägt hat. Hier fing er an, provozierend in die Öffentlichkeit zu gehen und damit seiner selbst erst recht sicher zu werden. Hier erfuhr umgekehrt die erschrockene Öffentlichkeit, wieviel Sprengstoff da angesammelt lag, und die Wortbildungen »feministisch« und »Feminismus« wurden zu bekannten Begriffen. Die Frauen, die sich zunächst bei spontanen Aktionen kennengelernt hatten, blieben danach weiter in Kontakt, formierten sich zu feministischen Gruppen und trieben die feministische Sache auf verschiedenen Gebieten kräftig voran.

»Women's Lib«

Weitere Anstöße für die deutsche feministische Bewegung kamen wieder aus Amerika. Dort hatte sich die Frauenbewegung radikalisiert und nannte sich »Women's Liberation Movement« (abgekürzt

Women's Lib). Vor allem durch zwei Bücher wirkte die amerikanische auf die deutsche Bewegung ein. Das Buch von Kate Millet, *Sexual Politics* (1970), lag schon 1971 in deutscher Übersetzung vor unter dem Titel *Sexus und Herrschaft. Die Tyrannei des Mannes in unserer Gesellschaft.* Im gleichen Jahr 1970 erschien das Buch von Shulamith Firestone, *The Dialectic of Sex*, 1975; deutsch: *Frauenbefreiung und sexuelle Revolution.*

Shulamith Firestone nennt für die Zukunft vier Forderungen:

1) Die Befreiung der Frauen von der Tyrannei der Fortpflanzung durch jedes nur mögliche Mittel (das Kindergebären könnte von der Technik übernommen werden), und die Verteilung der Kindererziehung auf die gesamte Gesellschaft (Männer und Kinder ebenso wie Frauen).

2) Vollständige Integration von Frauen und Kindern in die Gesamtgesellschaft. Damit soll der Begriff der Kindheit abgeschafft werden. Kinder sollen die selben Rechte haben wie die Erwachsenen. Da sie ihre Eltern nicht kennen, können sie sich frei an Menschen ihrer Wahl wenden und binden.

3) Ökonomische Unabhängigkeit für alle.

4) Sexuelle Freiheit. In diesem Punkt gipfelt das alles. Es gibt keine Zuordnung der einzelnen in der Familie mehr. Jeder kann jeden zu seinem Geschlechtspartner machen (Aufhebung des Inzest-Tabus). Auch Kinder dürfen, ja sollen, miteinander und mit beliebigen Erwachsenen sexuelle Beziehungen aufnehmen.

Mit diesen Zielen war die sexuelle Revolution perfekt, die Ehe als Ordnung einer umfassenden Partnerschaft aufgehoben und die Familie als Schutzraum für Kinder zerstört.

Gewiß werden manche Feministinnen solche Vorstellungen selbst als ein Fernziel bezeichnen und keine schnelle Verwirklichung erwartet haben. Aber mit dem angegebenen Ziel war die Marschrichtung gegeben, und die davorgelegten Etappenziele sind eindeutig genug für den, der die Augen offen hat.

Literatur und Medien

Seit etwa 1970 kann man in Deutschland von einer feministischen Literatur sprechen, die in steil ansteigender Linie bis zur Massenproduktion gelangt ist. Vor allem die Verlage, die Taschenbuch-Reihen herausgeben, nahmen sich eifrig dieser neuen Richtung an. Spezialisiert auf diese Art Literatur ist der Verlag »Frauenoffensive« in München. Die Massenmedien Radio und Fernsehen witterten Neues und Interessantes, das sie sich auf keinen Fall entgehen lassen wollten. Zeitschriften wie *Emma* (Alice Schwarzer), *Courage* und *Schlangenbrut* haben nicht geringe Abonnentenzahlen. Dazu kommt eine Unmenge kleiner Aufsätze, Informationen oder Pamphlete in Zeitungen, Wochenblättern und Illustrierten. In etlichen Städten gibt es eigene Frauenbuchhandlungen für den Vertrieb.

Die Themen dieser Literatur sind weitgespannt und können nur grob eingeteilt werden in etwa folgende Gruppen:

1) Anklage an die Gesellschaft und Macht-Forderungen für Frauen.

2) »Forschungen« über Urgeschichte der Menschheit, Matriarchat, alte Kulturen und Religionen.

3) Neue Deutungen von weiblichen Erfahrungen (Menstruation, Geschlechtsverkehr, Schwangerschaft, Geburt, Wechseljahre).

4) Beschäftigung mit der Geschichte der Hexenverbrennungen und Gegendarstellung der Hexe als großartige weise Frau.

5) Ökologie und Magie.

6) Homosexualität und Lesbische Liebe.

Meist wendet sich diese Literatur an Frauen, die sowieso schon unzufrieden und mit ihrem Schicksal zerfallen sind. Bei ihnen kann der überheblich fordernde Ton gut ankommen, denn er verstärkt ihre Gefühle des Unglücklichseins, des erlittenen Unrechts. Man fühlt sich verstanden und bestätigt sich gegenseitig. Dabei geht oft jegliches Empfinden für einen angemessenen Umgangston verloren, eben weil man sich ohnehin ganz unten ansiedelt und andere Meinungen gar nicht mehr zur Kenntnis nimmt. Eine saubere gedankliche Auseinandersetzung ist kaum mehr möglich, wo der Feminismus so zur Ideologie herangewachsen ist. Vielmehr herrscht der hämische, zynische Ton, das Auslachen und Verächtlichmachen, die bissige Ironie und der elitäre Hochmut.

Frauenhäuser und Frauengruppen

Man traut der Ehe nichts mehr zu. In jeder größeren oder auch nur mittleren Stadt wurden in den letzten zehn Jahren »Frauenhäuser« errichtet. Sie sollen bereitstehen als Unterschlupf für Frauen, die es in ihrer Ehe nicht mehr aushalten, und bieten ihnen und ihren Kindern dort Schutz vor den gewalttätigen Männern an. Gewiß gibt es solche Fälle, wo Männer um sich schlagen und ihre Familie tyrannisieren, vor allem wo die Sucht – Alkohol, Drogen – oder perverse sexuelle Forderungen dazukommen. Das alles gibt es, und hier brauchen die Frauen Hilfe.

Aber von den Trägerinnen der Frauenhäuser wird eine systematische Presse-Arbeit betrieben, um der Öffentlichkeit das Bild von dem autoritären und prügelnden Mann und der armen unterdrückten Frau einzuprägen. Dabei fällt so beiläufig die Vorstellung mit ab, die Ehe sei ein schlimmes Gefängnis. In diesem Sinn wird mit den Insassen auch gearbeitet: Sie sollen lernen, selbständig zu werden und sich ein neues, eigenständiges Leben aufzubauen. Der Versuch einer Versöhnung, Heilung und Stabilisierung der Ehe wird nicht ernsthaft genug unternommen, sondern viel zu schnell zur Trennung und Scheidung geraten. Ganz gewiß aber »entdekken« dank solcher Presse-Arbeit der Frauenhäuser in einer Art Schneeball-Effekt viele Frauen, wie schlimm auch sie leiden, um sich nun aufzumachen und auch aus ihrer Ehe auszubrechen. Folglich beantragen mehr und mehr Frauen die Scheidung, tun sie als erste den Schritt zur Trennung, ja verlassen oft Mann und Kinder in dem Wahn, endlich auf dem Weg zur Selbstverwirklichung zu sein.

Als begleitende Hilfe wird vielen Frauen eine »Frauengruppe« angeboten. Diese können sehr unterschiedlich sein und auf vielerlei Weise arbeiten, und manche leistet auch tatkräftige notwendige Hilfe. Doch die Gefahr besteht, daß solche »Selbsthilfegruppen« von Frauen besucht werden, die alle in ähnlicher Lage sind, sich gegenseitig bestätigen und auf diese Weise bei ihrer Misere bleiben: Sie klagen alle Welt an, machen ihre Schotten dicht – und verbauen sich so die Chance, an ihren Problemen zu wachsen und zu reifen.

»Selbstverwirklichung«

Dieses Wort ist schon vor Jahren zum Reizwort geworden. Wer wollte das nicht: aus seiner Veranlagung, seinen Gaben und Kräften das Beste machen? Wer wollte nicht auch mit 35 oder 45 noch etwas dazulernen, Neues anfangen? Und wer wollte es einer Frau verargen, daß sie über den traditionellen Umkreis der berühmten drei K (Kinder, Küche, Kirche) hinauskommen möchte?

Aber mit dieser Parole »Selbstverwirklichung« kann man auch herrlich seine Ellbogen gebrauchen und sich dabei noch schick und fortschrittlich vorkommen. Mit dieser Parole kann man seine bisherigen Bindungen und Rücksichtnahmen aufkündigen, Mann und Kinder sich selbst überlassen und auf die Suche nach interessanten Erlebnissen und Bewußtseinserweiterungen gehen. Vielleicht kann man damit noch späte Blüten hervorbringen und Leistungen erreichen. Aber auf Kosten der Liebe, der Treue? Auf Kosten der Menschen, die auf mich angewiesen sind? Umgekehrt gefragt: Vielleicht hat Gott sich den Weg unserer »Verwirklichung« gerade durch Verzicht und Hingabe, Geduld und Treue im Kleinen gedacht?

c) Träume vom »neuen Menschen«

»Matriarchat«

Die Herrschaft der Väter, die Herrschaft des Mannes hat nach Meinung der Feministinnen die Menschheit in die heutigen Nöte hineingebracht. Einseitige Orientierung auf Besitz und Macht habe jahrhundertelang das Wissen und die Technik vorangetrieben, dem öffentlichen Leben seinen Stempel der wachsenden Hektik aufgedrückt und alle »weiblichen« Werte unterdrückt. Heute sei nun das Fiasko dieser männlich-technischen Welt vor aller Augen, und der einzige Ausweg sei eine Feminisierung auf allen Gebieten.

In unseren Tagen greift man erneut zurück auf Aussagen, die Johann Jakob Bachofen schon 1861 in seinem Buch »Das Mutterrecht« gemacht hatte, das damals viel Aufsehen erregte: In der Urzeit der Menschheit hätten die Stämme eine Ordnung der Gynaikokratie gehabt, d.h. die Frauen hätten die Herrschaft ausgeübt. Gestützt wurde diese Vorstellung von einzelnen archäologischen Funden und durch griechische Sagen von Kämpfen mit phantastischen Amazonenheeren.

Inzwischen haben Historiker und Archäologen die Vorstellungen vom ursprünglichen Matriarchat aller Völker vor Entstehung des Patriarchats auf einen nüchternen Befund zurückgeschraubt. Erwiesen ist, daß es in den sogenannten Primitiv-Religionen eigentlich überall Götter und Göttinnen, Priester und Priesterinnen gegeben hat, mit jeweils wechselndem Übergewicht der einen oder anderen Seite. Erwiesen ist, daß in Jäger- und Sammler-Kulturen meist der Wohnort der Frau bestimmend war (Matrilokalität) und die Verwandtschaftsbeziehungen über die Frau benannt wurden (Matrilinearität). Soviel kann man an Funden ablesen. Aber sie erlauben darüber hinaus nur noch Vermutungen und Hypothesen, keineswegs aber die Vorstellung von Frauen-Herrschaft (Hans Biedermann, *Die großen Mütter,* 1987). Trotzdem wird die Matriarchats-Behauptung immer wieder neu aufgelegt, z.B. bei Ernest Bornemann, *Das Patriarchat, Ursprung und Zukunft unseres Gesellschaftssystems,* 1975, und von dort her dann vielfach in der feministischen Literatur.

Die Matriarchats-Idee wird bei den Feministinnen zum Zukunftstraum. Eine nebulöse matriarchale Vergangenheit wird als eine Art Paradies geschildert, und der Übergang zur patriarchalen Ordnung erscheint dann als der »Sündenfall«, hinter den man wieder zurückgehen müsse. Der Mann habe auf der ganzen Linie abgewirtschaftet und die Menschheit in die heute vor aller Augen liegenden Sackgassen geführt. Deshalb müsse unsere Zeit jetzt das Ruder energisch herumwerfen und als einzig möglichen Ausweg die Rückkehr zum Matriarchat vollziehen.

Dabei sind sich die Feministinnen untereinander natürlich nicht einig, wie weit dies Matriarchat reichen soll und wie es real zu verwirklichen wäre. Klar sei nur, daß alles in Frage gestellt werden müsse, was bisher war, denn es sei ja alles unter der Voraussetzung des Patriarchats entstanden. Klar sei auch, daß Frauen auf allen Gebieten zunächst einmal versuchen sollten, den Männern ihre Positionen abzunehmen. Und klar sei drittens, daß frauliche Eigenschaften und Werte überall neu zur Geltung gebracht werden sollten: Spontaneität, Zärtlichkeit, Kreativität, Betonung der Gefühle, was man keineswegs als Sexismus mit umgekehrtem Vorzeichen versteht – wieso eigentlich nicht? Besonders verdächtig und verhängnisvoll erscheint ihnen das Patriarchat in seinen »Machtstrukturen« (Familie, Staat), in der Wissenschaft mit ihrer unübersehbaren Spezialisierung und im Ein-Gott-Glauben (Monotheismus) von Judentum und Christentum. Diese beiden Religionen hätten sich in einem extremen Maß dem Patriarchalismus geöffnet und ihrerseits wieder den Patriarchalismus gefördert und festgeschrieben, so daß eine Revision dieser gesamten Geisteshaltung überfällig sei und damit natürlich auch eine religiöse Neuorientierung.

Alternative Subkultur

Träume von einer totalen Umkehr und Veränderung unserer Lebensverhältnisse sind in unserer Zeit mannigfach vorhanden. Die Unruhe, daß es so nicht weitergehen könne, wie es ist, treibt viele sogenannte alternative Strömungen an: Hippies, Aussteiger, Verweigerer, Drogenabhängige, Revolutionäre aller Schattierungen bis hin zu Chaoten und Terroristen. Man kann das ganze Spektrum dieser alternativen Bewegungen unter der Bezeichnung »Subkultur« zusammenfassen. Sie leben unterhalb (sub) und gegen die vorhandene Kultur, eben weil sie an allem Bestehenden irre geworden sind. Es überrascht und erschreckt, daß Frauen, von denen man eigentlich eine konservative (= konservierende, bewahrende) Haltung erwarten würde, auf einmal häufig auf der alternativen und revolutionären Seite stehen.

Warum ist das so? Frauen haben ein feines Gespür für die Krisenhaftigkeit der Zeit. Sie sind für ihre Kinder und Enkel in Sorge, wie bestimmte Erscheinungen unserer Zeit sich in den kommenden Jahrzehnten weiter entwickeln und katastrophal auswirken werden – und das nicht erst seit Tschernobyl. Deshalb neigen sie zur Friedens- und Ökologie-Bewegung. Verminderung der Waffen-Arsenale, Stärkung des Verstehens zwischen den Völkern, Erhaltung der Arten-Vielfalt bei Pflanzen und Tieren, Reinhaltung von Wasser und Luft, Schutz vor Giften und krebserregenden Substanzen, Energiegewinnung ohne das Risiko von Strahlenschäden – das sind alles wichtige Ziele, und welche Frau würde sie nicht bejahen.

Aber zu fragen ist, ob wir Frauen die Angst in uns so hochkommen lassen dürfen, daß wir unsere kleinen Kinder schon mit Angst erfüllen? Zu fragen ist, ob diese Probleme und Ziele so vollständig von uns Besitz ergreifen dürfen, daß wir für sie auf die Straße gehen und im »zivilen Ungehorsam« zum Märtyrer werden? Zu fragen ist, ob wir mit Recht den gewählten Volksvertretern mißtrauen und meinen, wir seien der Lösung dieser schwierigen Probleme näher als sie?

Wir können uns diesen Fragen nicht entziehen. Aber ist es nicht so, daß wir gerade über solchen Sorgen und Ängsten unversehens in Bewegungen hineingeraten, die wir gar nicht wollten? Vom Gefühlsmäßigen zum völlig Irrationalen, vom Frieden-Schaffen in den blanken Aufstand, von der Pflege und Fürsorge für unsere Kinder hineingetrieben in die angstvolle Ungewißheit? Gerade bei tief empfindenden und gewissenhaften Frauen staut sich leicht das richtig Erspürte bis zu einem riesigen Druck innerer Not auf, und nun wollen sie das als nötig erkannte Handlungskonzept bis zur totalen Perfektion erfüllen. Dabei bleibt aber das Nächstliegende auf der Strekke: der nüchterne Blick auf das Machbare in dem uns zugänglichen Bereich.

Gewiß sollen wir uns gut informieren, mitdenken, bewußt und begründet handeln. Aber wir brauchen uns keiner ideologischen Indoktrination zu unterwerfen, auch nicht, wenn sie von unseren Geschlechtsgenossinnen unterstützt wird. Vielleicht muß uns gerade die Tatsache der inneren Verwandtschaft zwischen Feminismus und Friedens- und Ökologie-Gruppen besonders vorsichtig machen. Alternative Gruppen sind der Unterwanderung von verschiedenen Seiten ausgesetzt, sie sind heute »in« und werden von den Medien hofiert. Aber sie sind ein Brodelkessel, schwer durchschaubar und offen für alle möglichen extremen Entwicklungen und bewußten Manipulationen.

Körperbewußtsein

In der Linie der »weichen Welle«, die inzwischen einen guten Teil der Feministinnen erfaßt hat, liegt es auch, sich selber und andere zu beobachten. Auf die Welle der Psychologisierung, die alles entschuldigen und verstehen wollte, folgte bald die Welle eines neuen Körperbewußtseins. Man ist wieder stolz darauf, Frau zu sein, und die Erfahrungen von Menstruation, Schwangerschaft und Geburt werden auf einmal und auf neue Art wieder wichtig. Man trägt sein Baby im Tuch überall mit sich herum und scheut sich nicht, es auch in der Öffentlichkeit zu stillen, denn man gehört ja zu einer solchen Gruppe, die wieder für das Länger-selber-Stillen eintritt. Wie gut, kann man da nur sagen! Man vertauscht die engen Jeans wieder mit weichen Baumwoll- und Wollkleidern. Man ist entschieden der Meinung, daß der Mann bei dem allem nichts zu melden habe und schildert frühere Zeiten so, als hätten die Männer den Frauen genau vorgeschrieben, wie sie zu leben hatten, und ihnen keine Entfaltung ihres weiblichen Wesens gegönnt.

Im Eifer der Entdeckung des eigenen weiblichen Körpers greift man zu Selbstuntersuchungen im genitalen Bereich, zu gegenseitigen Untersuchungen in Frauengruppen und zur Diffamierung der Medizin, insbesondere der Gynäkologie, als von Männern gehandhabt und geleitet mit dem Ziel, die Frauen zu erniedrigen. Dabei rutscht das zunächst beabsichtigte weiblich-sanfte Wesen der Beteiligten leider allzu schnell in die Nähe von Pornographie und bedient sich einer häufig gemeinen Art spottender und zynischer Ausdrucksweise. Wo Frauen untereinander bei diesen Versuchen beim zärtlich-Erotischen bleiben wollen, da geraten sie in die Anfänge lesbischer Liebe von Frau zu Frau. Dies alles zeigen die entsprechenden Publikationen und Veranstaltungen.

So gibt es inzwischen eine nicht kleine Zahl von Feministinnen, die offen sagen, daß sie in einer lesbischen Verbindung leben, und die die lesbische Liebe der Frauen ebenso wie die homosexuelle der Männer als gleichberechtigte Formen von menschlicher Sexualität propagieren. Meist geht das einher mit heftigen Angriffen gegen Ehe und Familie und die böse Gesellschaft, die bisher nur die heterogene Sexualität anerkenne und zum alleinigen Gesetz mache, während sie die homolog Veranlagten diffamiere und verfolge. Gerade um diese Anerkennung in der Öffentlichkeit geht es ihnen aber. Jede biblisch begründete Argumentation, daß dies ein Irrweg sei, und jede Stellungnahme von Christen in dieser Richtung wird als Intoleranz und Arroganz wütend bekämpft.

Wieweit hier wirklich Veranlagungen vorliegen, das haben auch kluge Fachleute bisher nicht klären können. Aber deutlich ist, daß es eine Verführung zu Homosexualität und Lesbentum gibt, weshalb ihrer Darstellung in der Öffentlichkeit entschieden gewehrt werden muß.

Die Haltung der Feministinnen zu den neu aufgetauchten Problemen der Befruchtung außerhalb des Mutterleibes (mit den Nachfolgeproblemen Leihmutterschaft, Samenbank, Versuche mit menschlichen Embryonen bis hin zur Gen-Technologie) ist noch im Gespräch, wie ja auch in der gesamten Öffentlichkeit. Es scheint aber das Empfinden dafür zu wachsen, daß solche Eingriffe nicht sein sollten, mit einer Begründung nicht so sehr von der Würde des werdenden Lebens her, sondern mehr von der Würde der Frau.

Mystik, Magie und Astrologie

Mit diesen 3 Stichworten stoßen wir auf ein Feld, das sich in den letzten Jahren attraktiv gemacht hat und im Anwachsen begriffen ist. Offenbar ist in den Jahrzehnten vorher bei uns in Deutschland das Gefühl tatsächlich zu kurz gekommen – anders kann man sich dieses explosionsartige Anwachsen gar nicht erklären. Was mit unseren fünf Sinnen nicht erfahrbar ist und nicht nach dem bisher gültigen Schema von Ursache und Wirkung verläuft, das ist interessant geworden. Mystisches Denken argumentiert von der Einheit alles Seins her, von der Entsprechung zwischen Himmel und Erde, zwischen Mensch und Gott, zwischen Symbol und Realität. Das alles steht sich auf einmal nicht mehr gegenüber, sondern fließt ineinander. Das Ich kann sich erweitern zu göttlicher Größe. Alle Göttergestalten und Ausdrucksformen der Religionen versteht man als vom Menschen mit seinem unendlichen Geist und seherischen Blick richtig gestaltet. Auch den christlichen Glauben ordnet man auf dieser Ebene ein.

Magie ist dann der Weg, sich dieser unendlichen Wirklichkeit anzunähern, und die Technik, um sie in den Griff zu bekommen. Zauberpraktiken aller Zeiten werden wieder interessant. Noch vor zehn Jahren hat man uns gesagt, wir lebten in einer religionslosen Zeit, wo der Mensch alles mit dem Verstand erfaßt und regelt. Nun aber fällt er plötzlich in das Irrationale, folgt Gurus mit den unsinnigsten

Anforderungen, verehrt sie, liefert sich ihnen aus und erwartet Heilung und Erneuerung durch wilde okkulte Zauberkräfte. Wo es um die Gesundheit geht, macht sich das magische Denken breit. Das Besprechen z.B. ist nicht auszurotten. Das alles hat gewiß auch seinen Grund darin, daß unsere europäische Apparate-Medizin es sträflich lange vernachlässigt hat, sich um leib-seelische Zusammenhänge zu kümmern.

Astrologie gibt es seit der Antike, und immer wieder erfährt sie Blütezeiten. Die Horoskope in den Zeitungen können noch so unsinnig, nichtssagend und lächerlich sein – es gibt offenbar immer noch Menschen, die ihnen glauben.

Das Schlimme ist: Wenn Menschen so unter den Bann »ihrer« Horoskop-Aussagen geraten, werden sie unfähig zu klaren und nüchternen Entscheidungen. Die Sterne erforschen in ihrem Lauf, das ist ein anderes Ding (Astronomie), das ist saubere Wissenschaft, und der Blick in das große Universum ist faszinierend und kann uns zur Anbetung von Gottes Größe und Majestät bringen. Aber das Gefangensein unter angeblichen Gestirnsmächten, die unser Leben stündlich beeinflussen und deren Willen man ängstlich erkunden muß, – das ist zutiefst Unfreiheit und gegen den Glauben.

Mystik, Magie und Astrologie finden bei den Feministinnen viel Aufmerksamkeit. Gerade wo man sich von der »männlich«-exakten Wissenschaft abwendet und eine ganz andere, »weiblich« geprägte Welt sucht, geraten viele auf eine solche Bahn. Christen müssen sich darüber im klaren sein, daß dies auf jeden Fall eine schiefe Bahn ist, auf der die Talfahrt nach sanftem Anfang immer schneller wird.

Die neue Welt

Als Ziel steht allen diesen verschiedenen Geisteshaltungen vor Augen eine neue Welt, die schön und friedlich ist, die weder Gewalt, Ungerechtigkeit, Unterdrückung noch Armut mehr kennt, in der alle haben, was sie brauchen, ja, in der Freundlichkeit, Liebe und Lust zu Hause sind.

Viele stellen sich vor, in dieser Zukunfts-Welt sei der Mensch »androgyn« (mann-weiblich in einer Person), denn die Gegensätze zwischen Mann und Frau seien unwichtig geworden und damit aufgehoben. Auch darin sind sich alle diese Utopisten einig, daß eine solche Welt von uns Menschen geschaffen werden könne und müsse. Die christliche Glaubens-Überzeugung, daß nur Gott selber es ist, der am Ende der Tage einen neuen Himmel und eine neue Erde schaffen wird, ist völlig weggeschoben. Der Mensch ist es, der die neue Welt schafft.

Aber *wie* sie zu schaffen sei, welchen Weg man einschlagen müsse, um dorthin zu gelangen, darin sind sich die verschiedenen Gruppen wieder uneinig. Viele Feministinnen sind der Meinung, der Mann müsse durch harten Kampf erst einmal aus allen Positionen geworfen werden und der Frau das Regiment überlassen. Weibliches Wesen bringe dann mit der Zeit die Lösung, die Erlösung, und der Mann werde, wenn er genug davon gelernt hat, mit hineingenommen in die neue, friedliche Welt. Andere setzen auf neue sanfte Technologien, auf Abrüstung und Durchsetzung der Menschenrechte, auf ein umfassendes Friedenskonzil nicht nur aller Christen, sondern aller Religionen der Welt. Wieder andere machen darauf aufmerksam, daß globale Strategien nichts nützen, solange der Mensch selbst nicht anders geworden sei, seine Aggressionen nicht überwunden habe – deshalb sei von einer Bewußtseins-Änderung her anzusetzen.

Neuerdings laufen viele dieser Fäden zusammen in der sogenannten *New-Age-Bewegung.* »New Age« heißt »Neues Zeitalter«. Da wird astrologisch argumentiert: Das Zeitalter der Fische, der Wissenschaft und Technik, gehe zu Ende, und jetzt beginne das des Wassermanns, und das sei von sanfter Natur und weiblicher Art. Dort wird pseudo-wissenschaftlich argumentiert: Alle Dinge hingen in einer Art »Netzwerk« auch zwischen belebter und unbelebter Natur zusammen, weil sich ja nach der neuen physikalischen Erkenntnis die Bausteine aller Materie als Energie darstellten. Dort werden alte Weisheiten aus Buddhismus und Taoismus ausgegraben, aufgeputzt und als überraschend modern dargeboten. Dort wird den Menschen empfohlen, durch »Transformation« ihres Bewußtseins, durch Annahme des neuen »Paradigmas« (Denk-Rahmen) zusammen mit vielen anderen ein »Verschwörer im Zeichen des Wassermanns« zu werden und an dieser neuen Welt zu bauen. Auf allen nur denkbaren Wegen verbreitet man dieses Gedankengut: Filme wie »E. T.«, Bücher wie die von Michael Ende, Fernsehsendungen über Themen der Mystik, Astrologie und Wunderheilungen bereiten bei vielen Menschen den Boden. Gerade weil die New-Age-Bewegung ein Sammelbecken von Ideen, Weltanschauungen und Religionen ist, lockt sie so viele an. Und da sie sich nicht scheut, auch Christliches und Biblisches in ihr Weltbild einzubauen, ist es auch für Christen schwer zu erkennen, daß man hier in den Bann einer Ideologie gerät. Fromm klingende Worte sind kein Ausweis für Christlichkeit. Man muß schon genau hinschauen, wo das Herz einer solchen Bewegung schlägt. Man muß z.B. wissen, daß New Age sich nicht scheut, auch den Gebrauch von Drogen als Mittel zur Bewußtseins-Erweiterung zu empfehlen.

Wie können wir als christliche Frauen in den Herausforderungen der heutigen Welt bestehen, im Karussell der Ideologien einen Durchblick und Standort finden? Sind wir nicht durch das alles total überfordert? Wo sind Kriterien zur Beurteilung, wo sind gangbare Wege aus den schier ausweglos erscheinenden Ereignissen und Situationen? Der folgende Abschnitt (II) möchte von den Grundlagen unseres Glaubens her eine Antwort suchen.

Ein grundlegender Gesichtspunkt ist aus dem Bisherigen schon klar geworden: Alle geschilderten Ideologien, die hart emanzipatorischen und die weich einfühlsamen, gehen aus von der Überzeugung, daß der Mensch es schaffen müsse, seine Welt zum Besseren zu verändern, weil er im Innersten die guten Kräfte dafür besitze. Besonders die Frau sei dazu gerufen, ihre besseren Kräfte zu entfalten. Sie müßten aktiviert und richtig eingesetzt werden, man müsse sie herauslocken und zusammenfassen, und dann müsse doch die friedliche, ausgeglichene Welt zu schaffen sein.

Ist dies das Weltbild der Bibel? Zeigt nicht die Frau hier genau die gleiche Selbstherrlichkeit, die sie beim Mann getadelt und verurteilt hat?

Es ist die alte Grund-Versuchung des Menschen, daß er sein will wie Gott. Ob das dann ein »er« ist oder eine »sie«, das ändert überhaupt nichts. Es ist der autonome Mensch, der sich selbst erlösen will.

II. Dem dreieinigen Gott gehören

1. Glauben – was heißt das?

a) Einen Herrn haben

Christsein heißt, sich nicht mehr nur um sich selber drehen, sondern Gott als neuen Mittelpunkt haben: als Herrn.

Dadurch verändert sich viel. Mein Suchen und Fragen bekommt ein Ziel. Die Rätsel der Welt werden nicht mit einem Schlag alle gelöst, aber da ist ein Bezugspunkt, von dem aus Lösungen möglich werden. Ja, auf einmal kehren sich die Dinge um: nicht ich rufe meine Fragen in ein leeres Nichts hinaus, sondern da ist einer, der mich fragt, der mich »hinterfragt«, der mein Denken und Tun »in Frage stellt«. Meine Selbstverwirklichung und Identitätsfindung ist nicht mehr das Eine, das Wichtigste, worum alle Mühe kreisen soll. Vielmehr bin ich gefragt, ob ich dem entsprechen kann und will, was ein anderer für Gedanken und Pläne mit mir hat. Es kann eine grundstürzende Erfahrung sein, auf seinem Weg plötzlich *dem lebendigen Gott zu begegnen,* der uns nicht einfach so bleiben läßt, wie wir sind. Als die Menschheit erfuhr, daß nicht die Sonne um die Erde, sondern die Erde um die Sonne kreist, mußte sie gewaltig umdenken. Ein noch tiefer greifendes Umdenken geschieht dort, wo ein Mensch aus seiner bisherigen Selbstherrlichkeit heraus auf einmal erkennen muß, daß ein Gott da ist, der uns und unsere Welt in seinen Händen hält.

Eine solche Erfahrung kann erschreckend sein. Aber dieser Schrecken ist heilsam, weil der Auslöser eben Gott ist.

Anders sind die Erfahrungen derer, die einem Verführer auf den Leim gegangen sind. So haben viele Menschen erst im Jahr 1945 erkannt, welcher Verführung und Despotie sie bis dahin gefolgt waren. Die Tyrannen zeigen ja nicht immer von vornherein schon ihre Widerwärtigkeit, sondern sind oft schillernd schön, verlockend, attraktiv und gewinnversprechend. Wer solchen Rattenfängern nachläuft, muß es dann oft bitter büßen. Andere Verführer halten sich verborgen, sind heimlicher und unheimlicher. Sie wohnen unter uns Menschen als öffentliche Meinung, als das, was modern ist, was heute »in« ist, was im »Trend« liegt. Oder sie wohnen im eigenen Herzen als das, was mir »Spaß macht«, worauf ich »Anspruch habe«, was ich durchsetzen will ohne Rücksicht auf Verluste. Viele Tyrannen und Ideologien wollen sich zu unseren Herren aufspielen, und von allen Seiten umwerben uns ihre verlockenden Stimmen.

Wer sich aber dem wahrhaftigen Gott zuwendet, für den müssen *die heimlichen Tyrannen an Glanz verlieren.* Je mehr ein Mensch sich dem einen wahren Gott öffnet, desto mehr büßen die Verführer ihre Macht über ihn ein. Er kann sie erkennen als das, was sie sind, und kann sie in ihre Schranken weisen. Oder sie verblassen und verschwinden fast ohne sein Zutun, weil sie unwesentlich geworden sind, weil sich herausstellt, daß sie ein Nichts sind, geplatzt wie eine Seifenblase.

Vieles von unserer ständigen ängstlichen Anpassung an das, was »man« sagt und tut, ist ein Anzeichen von schwächlicher Menschenfurcht. Machen wir uns nicht viel zu viel Sorgen darum, was die Leute wohl über uns denken könnten, wenn wir nicht alles mitmachen und nicht mit allen Wölfen heulen? Wir wollen irgendwem gefallen und imponieren und machen dabei oft die unsinnigsten Verrenkungen. Wer sich irgendeinem Guru unterwirft, von dem wird unbedingter Kadavergehorsam verlangt, und er gerät in Menschenvergötterung. Und die Menschenvergötterung schlägt allemal auf der anderen Seite in Menschenverachtung um.

Wer Gott zum Herrn hat, der kommt aus der Vergötterung und Verachtung heraus. Der höchste Herr entthront die kleinen Herren. *Gottesfurcht vertreibt Menschenfurcht.* Wo an den Menschen nicht mehr höchste Ansprüche gestellt werden, da kann er wieder schlicht Geschöpf sein. Er braucht nicht mehr Übermensch zu sein mit ermüdenden Kraftakten, sondern darf an seiner Stelle das Seine tun. Er braucht nicht mehr das höchste Ideal sittlicher Reinheit darzustellen, sondern darf auch seine Fehler haben. Er braucht nicht mehr die absolute Liebe zu verkörpern, denn die ist allein bei Gott. Wer Gott zum Herrn hat, der kann aber auch keinen Menschen mehr so völlig verachten, als ob kein gutes Haar mehr an ihm zu finden wäre. Wer Gott zum Herrn hat, kann nicht mehr die Mitmenschen unterdrücken, als Konkurrenten überfahren oder gar beseitigen.

Lassen wir uns nicht beirren von denen, die meinen, es sei des Menschen unwürdig, einen Herrn über sich zu haben! Wer keinen Herrn zu haben meint als sich selber, der gerät in unerkannte, viel schlimmere und demütigendere Abhängigkeiten, denn er ist blind gegenüber seiner wirklichen Situation. Lassen wir uns auch nicht beirren von denen, die meinen, es sei für Frauen besonders verhängnisvoll, einen Herrn über sich anzuerkennen, denn das mache uns unterwürfig gegenüber allen menschlichen »Herren«! Christliche

Frauen haben es zu allen Zeiten erfahren, wie der Glaube an den Herrn im Himmel uns innerlich unabhängig macht, uns befreit von falscher Unterwürfigkeit und uns die *rechte Menschenwürde* schenkt.

Wir müssen nicht allen Moden nachlaufen und aller Welt gefallen. Wir müssen nicht den Mann anbeten und uns ihm auf Gedeih und Verderb ausliefern. Wir müssen nicht uns selber gegen alle und alles durchsetzen und uns in Einsamkeit verwirklichen. Denn wir haben einen Herrn, der seine Menschen liebt und leitet, Männer wie Frauen.

b) Auf neuen Grund gestellt

Überall begegnet uns beim Glauben das »nicht – aber«, das »nicht mehr – sondern«. Am deutlichsten ist das in der *Taufe*. Da ist ein Markierungspunkt in unserem Leben gesetzt. Da hat der Herr seine Hand auf uns gelegt und gleichsam Besitz von uns ergriffen. Da wird es handgreiflich deutlich: Du gehörst ihm, du bist sein. Du bist hineingenommen in den Macht- und Einflußbereich des lebendigen Gottes. Von da an läßt er dich nicht mehr los. Du kannst wohl darauf mit Gleichgültigkeit reagieren, ja mit Nichtachtung und Verachtung. Aber völlig durchstreichen und ungeschehen machen kannst du diesen Akt des Angenommenseins von Gott nicht. Es ist ein »unverlöschliches Siegel«, das mit dir geht.

So wie wir uns das irdische Leben nicht selber gegeben haben, so ist auch das Angenommensein in der Taufe ein Geschenk von Gott, ohne unser Zutun. Die meisten unter uns sind als kleine Kinder getauft worden, und in der Kindertaufe wird dies Gottesgeschenk besonders sinnfällig sichtbar. Wir finden uns vor als Geschöpfe Gottes und als Geliebte Gottes, mit denen er etwas vorhat. Seine vorauslaufende Gnade umfängt uns schon, ehe wir anfangen, sie mit dem Verstand zu begreifen, sie ist schon da und trägt uns als der Grund, auf dem wir stehen und leben sollen.

Doch der »neue« uns geschenkte Lebensgrund will bewußt erkannt und angenommen werden. Je mehr ein kleines Menschenkind in das bewußte Leben hineinwächst, umso deutlicher soll es sich auch dieser seiner Lebensgrundlage bewußt werden. Es soll in wachsendem Maß unterscheiden lernen, was dieser Berufung dient und was nicht, und darin wird dann Glaube und Unglaube immer deutlicher sichtbar.

Beim kleinen Kind geschieht das zunächst weithin in der Begegnung mit der Mutter, später mit einem sich stetig erweiternden Kreis von Bezugspersonen. Es soll erfahren und lernen, wer Gott ist, was er uns schenkt und was er von uns will. Zunehmend gerät der wachsende Mensch dann in die Situation der eigenen *Entscheidung* im Angerufensein von Gott. Erwachsenwerden und Mündigsein hängt gerade damit zusammen, daß man über alle irdischen Autoritäten hinaus den lebendigen Gott als letzte Autorität kennengelernt hat. Und daß man heranreift zu der Erkenntnis, daß man diesem Gott mehr gehorchen muß als den Menschen.

Viele Christen bezeichnen den Akt ihres Auf-den-neuen-Grund-Gestelltseins als *Wiedergeburt.* Auch dieses Wort macht deutlich, wie es um ein Geschenk Gottes geht: Zum Geborenwerden kann der Geborene selber zunächst wenig tun. Es wäre auch nicht gut, wenn der Wiedergeborene darauf stolz sein und auf andere als die Nicht-Wiedergeborenen herabsehen wollte.

Die Bibel macht mit diesem Bildwort von der Wiedergeburt allerdings deutlich, daß es Dinge bei uns gibt, die nicht bleiben können, wie sie sind. Auch der Getaufte muß wissen, daß er seine Taufe hochachten muß, wenn sie in ihm wirksam sein soll. Luther sprach vom wiederholten »Hineinkriechen« in die Taufe, und er meinte damit ein Erinnern, ein Vergewissern, ein darin Trost- und Halt-Suchen. Immer wieder ist es nötig, daß wir zu den Anfängen zurückgehen, an der Quelle trinken.

Bei manchen Menschen muß ein deutlicher, oft schmerzhafter Schritt der *Bekehrung* getan werden, den sie ihr Leben lang als tiefen Einschnitt ihres Lebensweges im Gedächtnis haben. Immer aber brauchen wir alle ein Umkehren von dem Blicken auf uns selbst oder auf die Dinge um uns herum – hin zum Herrn. Nur von ihm her gewinnen wir neue Perspektiven, und die Dinge um uns herum und wir selbst geraten in ein neues Licht.

Auf dem neuen Grund gibt es auch Erneuerung unseres Handelns. Aber die Reihenfolge muß klar bleiben: Nicht die »guten Werke« sind das erste, sondern Gottes schenkende, freie Gnade. Christenmenschen müssen wissen, daß auch sie nicht gefeit sind gegen den Moralismus, der durch alle Löcher und Ritzen auf uns eindringt. Früher hieß es, man müsse sich mit guten Werken »den Himmel verdienen«. Heute sagt man uns, das Wichtigste am Glauben sei seine »Glaubwürdigkeit«, und er müsse sich durch bessere Taten der Weltverantwortung erweisen und die »christlicheren« oder die »allein christlichen« Entscheidungen in politischen Fragen erbringen.

Die Bibel nennt das, was bei Christen auf dem Weg der *Heiligung* wachsen soll, »Früchte des Geistes«. Keiner kann sie dem anderen abverlangen, sie sollen in aller Freiheit wachsen. Sie sind dem verheißen, der den Geist Gottes in sich wirken läßt. Wer in dem neuen Grund wurzelt, bei dem wächst etwas.

c) Vertrauen

Wer Gott dem Herrn gehört, der hat Vertrauen und lernt es immer mehr, im Vertrauen zu leben. Warum ist nur die merkwürdige Vorstellung nicht auszurotten, daß Glaube ein Führwahrhalten von irgendwelchen Glaubenssätzen sei? Womöglich denkt man dabei noch, daß Unsinniges und Widersinniges wie eine bittere Medizin geschluckt und nachgebetet werden müsse. Oder man siedelt umgekehrt den Vorgang des Glaubens nur im Verstand an; dann müssen »Gottesbeweise« den Menschen überzeugen, und das Gebäude der Glaubenswahrheiten muß streng ineinandergreifen und jeden denkenden Verstand durch seine zwingende Logik überführen.

Wenn die Bibel von »glauben« redet, meint sie den Schritt des Vertrauens, mit dem ein Mensch *auf eine Person zugeht.* Schon im Alten Testament finden wir überall das glaubende Vertrauen zum lebendigen Gott, der den Abraham aus seiner Heimat ruft, der das Volk Israel durch die Wüste führt, der dem Frevler entgegentritt und dem Bittenden beisteht. Im Neuen Testament haben wir die vielen Erzählungen von Menschen, die Jesus begegnet sind und von da an ihr ganzes Vertrauen auf ihn setzten. In diese Bewegung des glaubenden Vertrauens zu Jesus haben sich seitdem in allen Generationen Menschen hineinnehmen lassen. Sie haben erkannt, daß hier ein Vertrauenswürdiger ist, auf den man sich verlassen kann und der kein Vertrauen enttäuscht. Das deutsche Wort »glauben« ist mit »lieben« und »loben« und »verloben« verwandt. Man kann nicht Christ sein mit kaltem Herzen, sondern zum Glauben gehört der warme Strom der Liebe, der Nähe, der Freude, des Staunens, des Lobens und Dankens.

Wer im glaubenden Vertrauen steht, der hat einen sicheren Ort, der fühlt sich *geborgen und behütet, umfangen und geliebt.* Wir wissen es eigentlich alle, daß ein kleines Kind ohne liebende Geborgenheit gar nicht leben kann. In seiner ersten Lebenszeit ist es hilflos und völlig darauf angewiesen, daß es ernährt und gesäubert, getragen und behütet, geliebt und angenommen wird. Den Menschen, die ihm diesen Dienst tun, bringt es sein grenzenloses Vertrauen entgegen. Es ruft und schreit nach der Mutter bei allem, was ihm fehlt, und es springt in die Arme des Vaters, ohne an irgendeine Gefahr zu denken. Dieses Vertrauen ist die Grundlage seines Lebens, seiner körperlichen und seelischen Entwicklung. Ohne dieses Grundvertrauen könnte es nicht reifen und erwachsen werden, nicht Tüchtigkeit und nicht Liebe lernen.

So ist auch im Glaubensleben das Vertrauen die Grundlage, mit der alles steht und fällt. Man kann nicht zuerst Angst vor einem strafenden Gott einbläuen und nachher Liebe zu Gott erwarten. Vertrauen wächst nur da, wo Vertrauen geschenkt wird. Manchmal werden die Glaubenden als Gotteskinder bezeichnet, und dabei denkt man gerade an dieses unbedingte kindliche Vertrauen, das sie zu Gott haben. Es soll nicht heißen, daß die Gotteskinder besser wären als andere Menschen, auch nicht, daß sie kindisch und unmündig wären. Vielmehr ist gemeint, daß sie wissen, wohin sie gehören, und daß sie auf ihren Herrn schauen.

Wer bei seinem Herrn zu Hause ist, der braucht *keine Angst* zu haben. »Angst« kommt von »Enge«, von dem Gefühl, daß man eingesperrt sei und keine Luft mehr kriegen könne. Es gibt genug Dinge in unserer Welt , die einem die Kehle zuschnüren wollen. Bei Gott ist Geborgenheit und zugleich weiter Raum zum Durchatmen. Alles, was so offensichtlich übermächtig auf uns zukommt und uns Angst einflößt, können wir zurückschlagen mit dem Wort: Mein Vater ist noch größer. Und wenn wir uns allein gelassen fühlen, dürfen wir zu ihm rufen. Es wird nicht ausbleiben, daß wir immer wieder in Ängste geraten, denn es gibt ja wahrhaftig vieles in der Welt, was uns bedroht und Angst auslöst: Krankheit und Sterben, Schmerz und Schwäche, Überarbeitung und Arbeitslosigkeit, Sorgen um liebe Menschen, um eigene oder fremde Schuld, um den Frieden und die Zukunft der Erde . . . Jesus sagt: »In der Welt habt ihr Angst . . .« Er weiß, wie es bei uns aussieht. Aber er fährt fort: » . . . aber seid getrost, ich habe die Welt überwunden.« Wenn wir in Ängsten sind, dürfen wir mit den Psalmen und Bibelworten und Gesangbuchliedern zu ihm schreien und rufen, daß er uns herausreiße aus der Angst und in einen weiten Raum stelle. Er kann Frieden schenken mitten in der Angst. Und so kann ein Glaubender, ein Vertrauender zum Halt werden für seine Umgebung.

Ein Glaubender braucht nicht mehr alles mitzumachen, was in seiner Umgebung läuft. Er wird frei von dem, was man heute »Zwänge« nennt. Wo alle voll Angst sind, kann er Vertrauen ausstrahlen. Wo sich alle in Sicherheit wiegen, erbittet er sich von Gott klaren Blick, so daß er vor unheilvollen Entwicklungen warnen kann. Was alle angeblich haben oder kaufen müssen, das braucht er nicht unbedingt. Wo alle vor Begeisterung schreien, wird er vorsichtig, weil er weiß, wie schnell unter den Gesetzen der Massenpsychose aus dem »Hosianna« ein »Kreuzige« werden kann. Er läßt sich nicht vom »Lustprinzip« bestimmen, freut sich aller guten Gaben Gottes und kann, wenn es nötig ist, auch auf manches verzichten. Er kann reden, wo sie alle schweigen, und handeln, wo sie alle kneifen. Nicht aus Lust am Widerspruch tut er dies, sondern aus der tiefen Geborgenheit des glaubenden Vertrauens. Die Diktatur des »man« hat ihre Macht verloren, wo ein Mensch gegründet und gefestigt ist und zuerst auf seinen Herrn schaut.

d) Lebenssinn

Viele klagen heute, daß sie nicht wüßten, was ihr Leben für einen Sinn haben soll. Merkwürdigerweise äußern sich solche Gedanken und Gefühle meist nicht dort, wo das Leben schwer und entbehrungsreich ist und man hart arbeiten muß. Man begegnet ihnen viel eher bei Menschen, denen alles zu leicht und selbstverständlich zufällt, die sich nicht viel mühen und sorgen müssen. Wo für junge Menschen heute der Einstieg in den Beruf schwierig ist, da entwikkeln sie wieder Phantasie und Leistungswillen. Allerdings brauchen sie dazu auch einen Grund, von dem sie ausgehen, und ein Ziel, auf das sie zugehen können. Und sie fragen vermehrt nach dem *Grund und Ziel.* Wenn wir ihnen die Antwort schuldig bleiben, müssen wir uns nicht wundern, daß sie sie dann woanders suchen: bei Sektenaposteln und Meditations-Gurus, bei Buddhisten und Moslems, bei Ideologien und Weltanschauungen, nicht selten bei den merkwürdigsten und extremsten.

Wer für sein eigenes Leben Grund und Ziel gefunden hat, der muß es auch an die nächste Generation weitersagen können. Das kann auf ganz schlichte Weise geschehen, ohne irgend etwas Hochgelehrtes. Je persönlicher bezeugt wird, umso besser. Es kommt nicht auf die vielen oder schönen Worte an, sondern auf das Dahinterstehen mit der ganzen Person – allerdings auch auf die Zuwendung und Liebe zu dem, der sucht und fragt. Es muß deutlich werden, daß unser Herr im Himmel alles umfaßt: Anfang und Ende, und darum auch alle Punkte auf der Wegstrecke unseres Lebens.

Wer bekennen kann, daß sein Leben aus Gottes Hand kommt und er es am Ende in Gottes Hand zurücklegen darf, der hat einen Halt für alle Höhen und Tiefen in den Jahrzehnten, die uns gegeben sind.

Unsere Lebenszeit ist ein kostbares Geschenk, mit dem wir etwas machen sollen. Es ist nicht zum Verschleudern da, nicht zum Zeit-Totschlagen, sondern es steckt voller *Aufgaben*. Wir dürfen die *Gaben* entfalten, die der Schöpfer in uns hineingelegt hat, und damit arbeiten und wirken. Jeder hat irgendwelche Gaben – wir müssen sie nur entdecken. Natürlich kann nicht jeder singen wie Caruso oder malen wie Marc Chagall, und es taugt auch nicht jeder zum Ministerpräsidenten oder zum Professor. Aber Gott braucht viele als seine Werkzeuge in dieser Welt, und was als groß oder klein gilt, dafür hat er andere Maßstäbe als wir Menschen. Frauen und Mütter braucht er bei seinem Schöpfungswerk und zur Weitergabe der Liebe ganz besonders.

Mit jedem Menschen, der uns begegnet, ist uns eine Aufgabe gestellt. Was Gott von uns will, kann vielerlei sein und verschieden aussehen. Entscheidend kommt es darauf an, ob wir treu sind in dem, was wir tun, ob wir es gewissenhaft durchführen, und ob wir uns *ihm verantwortlich* wissen. Wer nur sich selbst verantwortlich sein will, wird bald unverantwortlich handeln und seinen eigenen Vorteil durchsetzen. Wer sich nur anderen Menschen gegenüber verantwortlich weiß, gerät leicht in totale Abhängigkeit oder reibt sich wund an den ihm auferlegten Ketten.

Manche haben sich als Sinn und Ziel ihres Lebens einem Ideal verschrieben, und das sind gewiß nicht die schlechtesten Menschen. Sie stellen sich selbst hohe sittliche Ziele und legen strenge Maßstäbe an sich und andere an. Sie erreichen oft bewundernswerte Leistungen dabei.

Aber wer sich viel abverlangt, der überfordert sich auch leicht. Wer seine hohen ethischen Maßstäbe vor sich her trägt, der wirkt kalt und abstoßend. Wer sich mit Leib und Seele für eine Sache einsetzt, der wird unversehens zum *Fanatiker*. Ähnliches geschieht auch bei Müttern, die sich so aufopfern, daß sie ihre Kinder total an sich binden und sie nicht selbständig werden lassen.

Gott will die Seinen nicht als Super-Fromme, nicht als Glaubens-Helden. Er wartet nicht auf unsere Großtaten, sondern auf unseren kleinen täglichen Gehorsam. Wer als glaubender Mensch seinem Herrn gehört, der fragt diesen Herrn von Fall zu Fall: Was soll ich jetzt tun? Was liegt heute an? Welchen Weg willst du mich führen? Ein so gelebtes Christenleben gewinnt eine unerhörte *Beweglichkeit*.

Es bleibt in jeder Etappe spannend und kennt keine Langeweile. Wenn eine Aufgabe sich erledigt hat, darf man mit Interesse Ausschau halten, was Gott jetzt wohl wieder an neuen Aufgaben in den Weg schickt.

Das ist eine erstaunliche Medizin gegen Resignation und gegen Erstarrung. Denn es gibt keinen noch so alten oder schwachen Menschen, für den Gott nicht noch Aufgaben hätte. Ist es nicht etwa für Kinder unendlich wichtig, daß sie Großeltern haben und an ihnen erfahren können, wie der Mensch mehr ist als seine Arbeitsleistung oder seine soziale Stellung, und wie ein Leben zubereitet wird für die Ewigkeit? Und wer sollte und könnte den Dienst der Fürbitte so intensiv tun wie eben die Alten und Kranken?

Wer sich den Sinn seines Lebens, den Grund und das Ziel, die Gaben und Herausforderungen von Gott geben läßt als ein Glaubender, dessen Leben gewinnt Glanz und *Freude*. Er hat einen Ausblick in den dunklen Stunden. Er hat einen Halt in den Verlockungen und Gefahren. Er hat einen Trost in Leid und Kummer. Er hat immer etwas zum Freuen vor sich, denn das Beste kommt zuletzt. Zur Freude hat er auch viele Hilfen auf seinem Weg: die Mit-Glaubenden, die Gottesdienste, Lieder und Gebete und das Bibelwort. Und er selbst soll in seine Umgebung hinein Freude weitergeben!

Sauertöpfische Christen locken niemand hinter dem Ofen vor. Unser Herr will uns als seine fröhlichen Kinder haben. Dabei braucht Freude nicht immer lautstark zu sein. Nicht jedem liegt es, zu tanzen und zu klatschen, und auch zum Singen sind wir verschieden begabt. Freude hat vielerlei – auch ganz stille – Weisen, sich zu äußern. Aber wer im Inneren voll Freude ist, aus dem wird sie auch irgendwie herausstrahlen. Wer seinen Herrn gefunden hat, der braucht nicht mehr Haß und Bitterkeit um sich zu verbreiten, sondern ist erfüllt von Frieden und Freude. Solche Menschen brauchen wir!

2. Auf Christus getauft

a) Jesus der Christus

Muß es denn ausgerechnet dieser Mann aus Nazareth sein? So fragen viele unter uns. Vor allem junge Menschen möchten über den Zaun schauen und sich nicht vorschnell festlegen. Sie möchten die großen Weltreligionen kennenlernen, sie möchten Vergleiche und

Überlegungen anstellen und zunächst ganz unvoreingenommen sein. Ja, sie möchten es oft auch handfest ausprobieren, wie man auf anderer religiöser Grundlage lebt. Vor allem östliche meditative Formen aus Buddhismus, Hinduismus und Taoismus haben Anziehungskraft, und es sind durchaus nicht nur die Drogen, die zu einem Aufenthalt in einem indischen Ashram verlocken. Manche kehren von dort ernüchtert zurück, andere bleiben stille Träumer ihr Leben lang. Man kann heute den Glauben an Jesus Christus nicht mehr als selbstverständlich voraussetzen. Deshalb müssen wir wissen, was wir von Jesus halten.

Als bedeutender Mensch wird er fast überall anerkannt. In der Reihe der »*Religionsstifter*« kann ihn jeder unterbringen: als einen, der eine große Bewegung ausgelöst und damit ein gut Stück Weltgeschichte gemacht hat. Die kulturelle Entwicklung des Abendlandes kann man ohne ihn nicht verstehen, und als ein Stück dieser unserer Vergangenheit erkennt ihn heute sogar die Führung kommunistischer Länder an. Man pflegt und erhält die alten Kathedralen und Klöster in Rußland und führt die Touristen dorthin. Man restauriert auch in der DDR die Kirchen, vor allem mit Hilfe von Geldern aus unseren bundesdeutschen Kirchen. Mit Glaubensfreiheit hat dies nichts zu tun.

Jesus als historische Figur – das kann auch der entschiedenste Atheist akzeptieren. Nur die Frage, ob dieser Jesus auch heute noch wichtig ist, für den Menschen des 20. Jahrhunderts noch Bedeutung hat, wird mit einem klaren »Nein« beantwortet. In der Praxis kann dieses Nein zum wild entschlossenen Kampf gegen alles Christliche geraten oder zu einem herablassenden Lächeln über die dummen Menschen, die immer noch das Opium fürs Volk zu schlucken bereit sind. Die Atheisten unter uns in der Bundesrepublik sind nicht gering an Zahl! Sie lassen Christen nach ihrer Fasson selig werden und dulden die Aktivitäten der Kirchen, solange dies alles ihre Überzeugungen nicht zu empfindlich stört.

Viele sagen, Jesus sei ein guter Mensch gewesen, vielleicht sogar der beste Mensch, der je über die Erde ging. Sie bewundern seine Güte und Liebe, seine Zuwendung zu jedem Menschen, auch dem kleinsten und verachtetsten, seine Barmherzigkeit mit den Schuldigen, seine Kraft zu heilen und zu trösten. Sie preisen seine einfache Anspruchslosigkeit, sein Vertrauen zum himmlischen Vater, daß er ihn und seine Jünger durchbringen werde auch ohne Besitz und Sicherung. Sie nennen ihn den großen Menschenfreund, der seine Liebe in aller Anfeindung durchgehalten hat, der geduldig und sanftmütig blieb, aber leider mit seiner Konzeption der Menschenliebe am Kreuz gescheitert ist.

Viele nehmen sich diesen Jesus zum *Vorbild*: Ja, so möchte ich sein, so liebevoll und vergebungsbereit, so großmütig und geduldig. Frauen weisen immer wieder darauf hin, daß Jesus, anders als es in seiner Zeit und in seinem Volk üblich war, die Frauen anerkannt und geachtet hat: Er hat mit ihnen gesprochen, er hat Frauen geheilt und ihnen geholfen; sie kamen in seinen Gleichnissen und Erzählungen vor, und sie waren unter der Schar seiner Nachfolger. Einige meinen sogar sagen zu können, daß Jesus in seiner Art zu reden und zu denken viele weibliche Züge habe (in Anlehnung an die Lehren C.G. Jungs von dem animus und der anima, die jeder Mensch mit einem Anteil in sich trage).

Andere finden im Gegenteil, daß Jesus im Grunde ein *Revolutionär* gewesen sei. Alles, was bis dahin im Volk Israel gegolten habe, habe er umgestoßen. Die Thora, das jüdische Gesetz, habe er außer Kraft gesetzt und durch neue Gebote abgelöst, schlichtere und freiere; ja, er habe eigentlich überhaupt nur das Gebot der Liebe stehen lassen. Kultische Vorschriften der Frömmigkeit (Fasten, Sabbatheiligung) habe er mißachtet und erklärt, er wolle den Tempel niederreißen. In Wirklichkeit habe er zu denen gehört, die die römische Oberherrschaft stürzen wollten. Er sei nur nicht mehr so weit gekommen, da die zerstrittenen Juden und die römische Besatzungsmacht ihn vorher ans Kreuz bringen und unschädlich machen konnten.

Auch wer das Revolutionäre so weit nicht treiben will, weist doch oft darauf hin, wie in Jesu Worten und Taten die Sprengkraft liege, die alle unsere bürgerlichen Ordnungen in Frage stelle und eine Neuordnung der menschlichen Gesellschaft auf der Grundlage von Brüderlichkeit und Gerechtigkeit möglich mache. Man müsse es versuchen, ein Gemeinwesen in der Art des Liebeskommunismus aufzubauen, wie die erste Gemeinde in Jerusalem ihn offensichtlich eine Zeitlang geübt hat: Alle Dinge gemeinsam besitzen und jedem das zuteilen, was er braucht.

All diese Gedanken und Vorstellungen über Jesus haben etwas Richtiges erkannt. Aber es sind nur Teil-Erkenntnisse und Teil-Wahrheiten. Wenn man diese verabsolutiert und für das Ganze hält, wird das Bild schief, und wir gehen an der Hauptsache vorbei. Bei solchen Vorstellungen erreicht man immer nur die Außenseite, ein Stück der Außenseite. Wer Jesus ins Herz sehen will, der muß ihn sehen als den *Gottessohn, den Retter und Heiland*. Man begreift sein

Tun und sein Wort nicht, und erst recht nicht sein Leiden, Sterben und Auferstehen, wenn man sich vor dieser Erkenntnis beharrlich drücken will. Nach seiner eigenen Aussage und nach dem Zeugnis der Jünger, die mit ihm gingen, ist er nur zu verstehen als der Sohn, den der Vater gesandt hat, um uns Menschen zu retten und zu sich zu ziehen. Die ersten Nachfolger haben in ihm den verheißenen Messias erkannt: »Du bist Christus, der Sohn des lebendigen Gottes« (Matth. 16,16), und sie haben in den ersten Gemeinden ihr Bekenntnis so ausgedrückt: »Jesus Christus, Gottes Sohn, Heiland.«

Ihr geheimes Erkennungszeichen in den Katakomben und Verfolgungen wurde der Fisch, denn die 5 Buchstaben des griechischen Wortes für »Fisch« entsprachen den Anfangsbuchstaben dieser ihrer Bekenntnis-Aussage. Und sie wurden »Christen« genannt, weil sie sich zu Jesus als ihrem »Herrn und Christus« bekannten.

Für die Juden war es eine schwierige Hürde, diesen Gekreuzigten als den Messias anzuerkennen. Die Heiden mußten sich von ihren vielen Göttern und Herren lösen und von der Hoffnung, daß die römischen Kaiser die Welt-Heilande wären. Aber aus Juden und Heiden fanden sich Menschen, die der Verkündigung der Apostel Glauben schenkten.

Beim Niederschreiben der Jesusgeschichte legten die Evangelisten den meisten Nachdruck auf den Bericht vom Leiden, Sterben und Auferstehen Jesu; so sind die Evangelien eigentlich zur »Leidensgeschichte mit einer langen Einleitung« geworden. Denn das Wichtigste bei Jesus sind nicht einzelne Werke, die er tat, sondern *das* Werk der Versöhnung und Erlösung, das er als der von Gott gesandte Retter vollbrachte. Dazu hat Gott ihn in die Welt geschickt, dazu mußte er Mensch werden, und sein Kreuz ist nicht seine Niederlage, sondern sein Sieg über alle widergöttliche Macht.

b) ». . . mein Herr«

In Luthers Erklärung zum 2. Glaubensartikel hat diese Aussage großes Gewicht: »Ich glaube, daß Jesus Christus, wahrhaftiger Gott, vom Vater in Ewigkeit geboren, und auch wahrhaftiger Mensch, von der Jungfrau Maria geboren, sei mein Herr.« Hier ist die Wendung zum persönlichen Bekenntnis vollzogen. Alle »Heilstatsachen« nützen mir nichts, wenn ich sie nicht an mich heranlasse. Ich muß mein Herz auftun und sie hereinlassen. Und wer den Herrn anfangsweise erkannt hat, dem öffnen sich dann auch die Augen für die Gaben, die dieser Herr schenkt: » . . . erlöst, erworben, gewonnen . . ., auf daß ich sein eigen sei«, – mit allen Auswirkungen im einzelnen. Wo ein Herz sich geöffnet hat, da kann eine Geschichte des Glaubens anfangen, eine Entwicklung und Entfaltung auch der eigenen Persönlichkeit geschehen, die man sich vorher nicht hat träumen lassen.

Ganz offensichtlich fehlt es an diesem *persönlichen Annehmen* des Glaubens in unserem Volk weithin. Viele versuchen ihn sich geradezu mit Fleiß und Anstrengung vom Leib zu halten. Der Glaube darf ihnen ja nicht zu nahe rücken. »Ja nicht zu fromm!« – nach dieser Devise leben viele. Glaube als letzte Versicherung im Hintergrund, als Notanker für dunkle Lebenssituationen, als Trost beim Sterben, als Feiergestaltung für wichtige Übergänge im Leben (Konfirmation, Hochzeit) – das können viele bejahen. Auch für die Erziehung der Jugend hält man den Glauben für ganz nützlich, denn der Mensch muß eine moralische Grundlage bekommen. Auch dafür haben viele Verständnis und Sympathie, ja sogar Bewunderung, daß die Kirche mit ihren diakonischen Diensten hilft und pflegt, und sie sind sogar zu einigem materiellen Beitrag dafür bereit. Aber ich? Ich persönlich? »Ich habe es doch nicht nötig, immerzu in die Kirche zu rennen; ich bin doch ein anständiger Mensch!«

Aber christlicher Glaube ist mehr als solche äußere Zugehörigkeit. Die Bibel redet an vielen Stellen, vor allem in den Briefen des Apostels Paulus, vom Glauben als *»In-Christus-Sein«*. Damit ist eine ganz enge Lebensverbindung gemeint. Damit ist beschrieben, was in der Taufe geschieht, wo ein Mensch dem Herrn Christus zu eigen wird. Da werden wir »in seinen Tod hinein getauft« (Röm. 6,3). Da wird sein Sterben, und was er damit gewonnen hat, uns zugeeignet, als wenn wir selbst es uns erarbeitet hätten; in einem »seligen Tausch«, wie Luther es nennt, nimmt Er das Unsrige auf sich und schenkt uns das Seine. Wir sind mit ihm durch Tod und Auferstehung gegangen und sind nun eine »neue Kreatur« (1. Kor. 5,17). Wir können von da an leben wie die Reben am Weinstock (Joh. 15). Die Kraftquelle ist da, ist dicht bei uns, aus der wir jetzt leben, Frucht bringen, Angst besiegen, Liebe weitergeben – alles nicht mit Krampf oder Anstrengung, sondern als organische Folge des »In-Christus-Seins«. Die Aufmerksamkeit richtet sich auf das »Bleiben« bei dieser Kraftquelle, Bleiben auf diesem Urgrund. Denn eine Trennung würde dieses neue Sein mit seinen angefangenen neuen Möglichkeiten wieder zunichte machen. »Ohne mich könnt ihr nichts tun«, sagt Jesus den Seinen. Glaubende sind abhängige Menschen. Aber sie sind es gern: Sie bekommen hier Kräfte zur Bewältigung ihres Lebens, die sie sich nicht mehr wegdenken können.

Wer sein Leben dem Herrn zu eigen gegeben hat, der ist in die *Nachfolge* gerufen. Nachfolge heißt: hinter ihm her gehen, die Entscheidungskriterien von ihm und nicht von anderen Menschen oder Mächten beziehen. Im einzelnen bedeutet das wieder ein Ringen und Fragen, was der rechte Weg sei.

Die Bibel ist ja kein fertiges Rezeptbuch für alle anfallenden möglichen Fälle. Wir müssen schon den Herrn fragen, was im konkreten Fall zu tun ist. Manchmal ist das ein langes Ringen, bis er uns eine herangereifte Klärung gibt. Manchmal will unser Wille auch durchaus nicht das, was von ihm her geboten ist. Wir wehren uns und versuchen auszuweichen, und er hat es schwer mit uns, bis er uns dahin bekommt, wo er uns haben will. Warum hat eigentlich unter uns das Wort *Gehorsam* einen so unguten Klang bekommen? Wo es doch von Jesus heißt: »Er ward gehorsam bis zum Tode, ja zum Tode am Kreuz« (Phil. 2,8) – da sollten wir uns zu gut vorkommen, ihm zu gehorchen? Er zwingt uns ja gar nicht, er erlaubt uns den freien Gehorsam zu unserem Guten.

Und das andere so verachtete Wort: *dienen.* Auf Griechisch heißt das diakonein. Wo bliebe denn alle diakonische Arbeit, wenn niemand mehr dienen wollte? Kranke, Behinderte, Alte, kleine Kinder brauchen jemand, der ihnen nicht nur im Rahmen eines zufälligen stundenweisen »Jobs« ein bißchen hilft, sondern der ihnen von Herzen zugetan ist, der sie versteht und liebhat.

Man hat immer wieder festgestellt, daß es mehr Frauen als Männer gibt, die für solchen hingebungsvollen Dienst bereit sind. Sollen nun in unseren Tagen frauenrechtlerische Überlegungen und Parolen diese Bereitschaft kaputtmachen? Sollte es etwa unter der Würde der Frau sein, hier dem Herrn Jesus Christus in seinen »geringsten Brüdern« zu dienen?

Im Gegenteil! Jesus hat es seinen Jüngern tief eingeprägt, daß des Menschen Sohn gekommen sei, um zu dienen und sein Leben zu geben (Matth. 20,28), und daß der Jünger nicht über seinem Meister sein soll (Joh. 13,16). So sind Liebe und Dienst das königliche Vorrecht der Christen, das Männer und Frauen mit je ihren spezifischen Gaben ausüben sollen. Wo der Herr den einzelnen Christen dann brauchen und einsetzen will, das ist individuell verschieden, und es braucht bei uns das feine Gehör, seinen Ruf zu vernehmen und aufzunehmen.

Nicht selten führt Nachfolge in *Anfeindung und Leid.* Christen haben für die Nachfolge immer wieder eine ganze Portion Stehvermögen gebraucht. Auch dort, wo uns der Extremfall des Martyriums nicht abverlangt wird, braucht Nachfolge doch Festigkeit und Geduld, Klarheit in Grund und Ziel, und ein waches Gespür, wie man ohne Überheblichkeit und Starrheit auf dem Weg bleibt.

c) Von Schuld befreit

Wer Jesus begegnet ist und ihn als seinen persönlichen Heiland angenommen hat, der erfährt Befreiung von Schuld. Sei es, daß die Last der Sünde von vornherein das war, was uns zu ihm trieb, oder daß uns erst unter seinen Augen bewußt wurde, wie es um uns steht (wie es auch dem Petrus beim Fischzug erging) – wer mit Jesus zu tun bekommt, der kann nicht bleiben, wie er war. Auch der rechtschaffenste Mann und die liebevollste Frau – beide erkennen mit Schrecken, wie selbstsüchtig auch ihr bestes Tun motiviert ist und wie schnellfertig wir uns alle aus Vorwürfen herausmogeln. Wer sich selbst so vollmundig als tüchtig und gerecht, als »gut, ganz und schön« ausgibt, der hat sich noch nicht in der Tiefe erkannt.

Manchmal tun uns die Grenzsituationen, in die unser Leben plötzlich gerät, diesen Dienst, daß uns die Augen aufgehen über uns selbst. Es ist ja nicht wahr, daß der Mensch im Kern gut sei und nur ein klein wenig Unterstützung brauche, um dann die schönsten Blüten der Menschlichkeit hervorzubringen. Wir stecken im Gegenteil in *ausweglosen Verflechtungen* im Inneren und Äußeren, in einem Durcheinander und Miteinander von Willensrichtungen und erkannten Wahrheiten. Wer aufrichtig ist, der leidet umso mehr an seiner verzweifelten Lage. Luther sagt » . . . der mich verlorenen und verdammten Menschen erlöst hat, erworben, gewonnen von aller Sünde, vom Tode und von der Gewalt des Teufels«, und daß dies geschehen sei »mit seinem (Jesu) unschuldigen Leiden und Sterben«. Besser und präziser kann man es nicht ausdrücken, was das Tiefste des christlichen Glaubens ausmacht. Wer eine solche Befreiung erfahren hat, der kann gar nicht anders als loben und danken, denn »wo Vergebung der Sünde ist, da ist Leben und Seligkeit«.

Jesus hat mehrfach Menschen, die er befreit und geheilt hat, dieses Wort mit auf den Weg gegeben: »Geh hin und sündige hinfort nicht mehr!« Seine Vergebung und Befreiung sind bedingungslos, frei geschenkte Gnade. Allerdings will uns seine Vergebung, Zuwendung und Gnade nicht wieder in das alte Elend hineinlaufen lassen, sondern auf einen neuen Weg stellen. Da soll etwas anders werden als bisher. Die Bibel verwendet in diesem Zusammenhang öfters das Wort »neu«: »Ist jemand in Christus, so ist er eine *neue Kreatur*; das Alte ist vergangen, siehe, es ist alles neu geworden« (2. Kor. 5,17). Der Ankläger hat sein Recht auf uns verloren, weil Christus jetzt für uns geradesteht.

Der tiefe Sinn der Stellvertretung des »für uns« kommt erst da voll zum Leuchten, wo der Christus »in uns« lebt und wirkt und wir »in ihm« sind. Dies geschieht durch den Heiligen Geist, den der Auferstandene seinen Jüngern schenkt. Nun können die Früchte des Geistes bei denen wachsen, die als »Reben am Weinstock« bleiben und diesen Lebenszusammenhang nicht wieder lösen.

Der Herr selber will die Seinen im Stand der Gerechtfertigten erhalten – das können wir ihm also getrost überlassen. Am deutlichsten spüren können wir dieses neue Leben im Heiligen Abendmahl, wo wir teilhaben dürfen an dem, was »für euch gegeben« und »für euch vergossen« ist.

Gibt es *für die Frau besondere Versuchungen und Sünden?* Manche haben gemeint, aus der Sündenfallgeschichte eine besondere Verführbarkeit der Frau herauslesen zu können. Gewiß haben manchmal Männer ihre eigene Versuchlichkeit, vor allem auf dem Gebiet des Sexuellen und Triebhaften, mit solchen Behauptungen der Frau in die Schuhe schieben wollen.

Die Bibel meint es nicht so. Vielmehr zeigt sie, wie beide, Mann und Frau, im Aufruhr gegen Gott ihr eigenes Leben zerstören, und wie beide durch Christus Befreiung erfahren können. Deshalb ist es aber umgekehrt genau so falsch, wenn Frauen heute behaupten, die einzige Sünde der Frau sei ihre Selbstlosigkeit und Anpassung, ihr Dienen und Rücksichtnehmen. Oder wenn gar so getan wird, als sei die Frau in tiefer Übereinstimmung mit dem Kosmos, also auch mit dem Schöpfer, und deshalb ein Wesen, das gar nicht sündigen könne, weshalb auch an ihrem Wesen die Welt genesen müsse, nachdem sie von den Männern in schlimme Sackgassen geführt worden sei.

Nein, sündlos ist die Frau ganz gewiß nicht! Wer von uns vor sich selber halbwegs aufrichtig ist, dem wird eine solche Behauptung im Hals stecken bleiben. Bei Männern und Frauen wird es so sein, daß ihre Sünde jeweils gerade aus ihren besonderen Gaben und Stärken herauskommt. Wir Menschen neigen samt und sonders dazu, daß wir uns unserer Vorzüge überheben. Da liegt das Einfallstor des Bösen, und keiner von uns kann einen andern da heraus erlösen. Wir werden aber alle, Männer und Frauen, gerecht ohne unser Verdienst, allein aus seiner Gnade (Röm. 3,24) – nur so!

d) Brüder und Schwestern in Christus haben

Alle Glaubenden sind sein eigen, und das führt sie zusammen. Wir gehören mit der Taufe zu einer Gemeinde, in der wir Brüder und Schwestern finden, die mit uns auf dem gleichen Weg sind. Dabei kann man erstaunlicherweise mit Menschen übereinstimmen, die einer ganz anderen Gruppe, sozialen Schicht oder Partei angehören, aus einem anderen Volk kommen oder sogar eine ganz fremde Sprache sprechen. Ebenso umfaßt die Gemeinde der Christen Männer und Frauen, Kinder und alte Menschen, Verheiratete und allein Lebende, Kranke und Gesunde, Erfolgreiche und Außenseiter – überhaupt alle nur denkbaren Unterschiede unter uns Menschen. Alle sind sie ihrem Herrn gleich wichtig – so wichtig, daß er sein Leben für sie gegeben hat.

Unsere Maßstäbe von Groß und Klein werden vor ihm gegenstandslos. Das bringt das Pauluswort Gal. 3,28 zum Ausdruck. Aber es will nicht behaupten, daß die dort genannten Gegensätze (Jude – Grieche, Sklave – Freier, Mann – Frau) damit total aufgehoben wären. Innerhalb dieser unserer irdischen Welt bleiben sie bestehen, werden nicht einfach alle Menschen gleich. Es wird weiterhin verschiedene Völker und soziale Ordnungen geben, und Mann und Frau können nie völlig austauschbar werden, sondern behalten ihre spezifische Art und Aufgabe. Die Schöpfungsordnung bleibt bestehen auch mitten in der Gnaden- und Erlösungsordnung. Wer aber durch Glaube und Taufe zu Christus gehört, der hat ihn »angezogen« (Gal. 3,27), und das ist das Prägende seines Lebens geworden, und das verbindet ihn mit den Geschwistern im Glauben.

Die Verbindung der Christen mit ihrem Herrn und untereinander wird in der Bibel mehrfach beschrieben in dem Bild vom Leib mit seinen Gliedern (z.B. 1. Kor. 12). Der *»Leib Christi«* ist das Ganze, Christus selbst ist das Haupt. Die Glieder bekommen ihr Leben vom Ganzen her und werden gelenkt vom Willen des Hauptes. Sie hängen untereinander auf Gedeih und Verderb zusammen und müssen einander dienen, um leben zu können. Sie sind sehr verschieden in ihren Funktionen, und der Leib lebt geradezu davon, daß sie nicht gleich sind, sondern ihre verschiedenen Aufgaben wahrnehmen. Alle haben sie Gaben und Aufgaben, auch das unscheinbarste Glied ist nötig und unverzichtbar. Nur in stetigem Geben und Nehmen können sie existieren. Leid und Freude der einzelnen Glieder betrifft immer auch den ganzen Leib.

Ist uns klar, daß unser Zusammengehören nicht von unserer Menschenfreundlichkeit und Nettigkeit abhängt, sondern vom Dazugehören zu diesem Christus? Ist es uns klar, daß wir uns die Mit-Glieder am Leib Christi nicht aussuchen können nach unserer Sympathie und nicht ablehnen nach unserer Antipathie? Sie sind uns vielmehr vorgegeben durch seine Berufung.

Wenn die Unterschiede und Gegensätze von der Christus-Zugehörigkeit her relativiert werden, dann wird unser Blick frei für die *Christenheit in der ganzen Welt.* Sie ist entstanden und entsteht weiter im Gehorsam auf den Missionsbefehl, mit dem Jesus selbst seine Jünger ausgesandt hat. Auch da ist die Verschiedenheit groß, macht oft Not und kann nicht einfach übersprungen werden. Aber die Kirchen in aller Welt, besonders die jungen Kirchen in den materiell armen Völkern, brauchen unsere Liebe und unser Mittragen. Dafür fließen von dort je länger je mehr entscheidende geistliche Impulse in unsere »alten« Kirchen zurück. Wer Mission versäumt, gerät selbst in die Stagnation. Wir Christen sind allen Menschen das Evangelium schuldig und das Angebot der Taufe und die Gliedschaft am Leib Christi. Denn unser Herr will die Getauften in seinem Leib zusammenhalten, und sein Erlösungswille zielt auf die ganze Menschheit.

3. Dem Schöpfer verantwortlich

a) Die Schöpfung bewahren

In unseren Tagen haben die Menschen neu entdeckt, daß wir mit den materiellen Möglichkeiten unserer Erde nicht weiter einfach so drauflos umgehen können wie bisher. Man hat erkannt, daß Rohstoffe und Energiequellen nicht unendlich sind. Man fing an auszurechnen, wie lange sie wohl noch reichen könnten. Allerdings liefen die Vorstellungen der Experten, wie stark in ihren futuristischen Konzepten das weitere Wachstum veranschlagt werden müsse, schnell auseinander. Aber das Erschrecken war da und ist geblieben. Dazu kamen Hiobsbotschaften über das Waldsterben und die zunehmend erkannten weiteren biologischen *Schäden an der Umwelt.*

Bisherige Vorstellungen vom ständig weitergehenden industriellen Wachstum werden verworfen. Die gesamte moderne Technik wird kritisch überprüft. Alle Bauvorhaben und Verkehrsplanungen müssen sich die Anfrage gefallen lassen, ob sie nicht umweltschädlich wirken. Das gilt für eine Straße in X-Dorf wie für die Startbahn West oder die Abholzung des Amazonasgebiets – die Welt ist zusammengerückt und eng geworden. Immer deutlicher erkennen wir, wie das biologische Gleichgewicht ein hoch-empfindliches Ding ist, und daß die Selbst-Heilungskräfte der Natur an einen Punkt gelangen können, wo sie nicht mehr greifen: wo Gewässer »umkippen« oder ganze Regionen zur Steppe oder Wüste werden.

Wir Menschen stehen also heute vor der Frage, wie wir neu lernen, verantwortlich zu leben. Wenn die Menschheit überleben will, *muß* dies gelernt werden. Mit Schreckens-Visionen und gegenseitigen Schuldzuweisungen allein ist noch gar nichts geholfen.

Glaubende halten sich daran, daß *Gott der Schöpfer* ist. Das bedeutet ja nicht, daß er irgendwann an einem fernen Anfang die Welt geschaffen und alles Leben auf ihr in Gang gesetzt habe und sie jetzt sich selbst überlassen sei. In Luthers Auslegung zum 1. Glaubensartikel tauchen über das Wort »geschaffen« hinaus noch viele weitere Verben auf: »erhalten«, »versorgen«, »behüten« und »bewahren«. Wir haben einen lebendigen Herrn, einen dynamischen, gegenwärtigen Herrn. Es ist ihm nicht gleichgültig, was auf unserer Erde passiert. Er behaftet uns zwar des öfteren bei unseren Fehlern; wir müssen dann so manche Suppe auslöffeln, die wir uns eingebrockt haben, damit wir zur Besinnung kommen und unser Verhalten ändern. Aber gerade daran merken wir, daß er uns nicht total vernichten will, sondern noch etwas mit der Welt und den Menschen vorhat.

Es genügt also nicht, wenn wir gegenüber uns selbst, unseren Mitmenschen, der kommenden Generation gegenüber Verantwortung empfinden. Nur eine Instanz über uns kann uns wirklich zur Verantwortung ziehen. Wenn wir Gottes Herr-Sein nicht anerkennen und uns vor ihm nicht beugen, dann wird es uns auch nicht gelingen, mit seinen Gaben so umzugehen, daß es für alle reicht. Die Überlebensfrage ist deshalb noch nicht die wichtigste und tiefste. Letztlich hängt das Schicksal der Menschheit an der Glaubensfrage. In Genesis 2,15 heißt es, Gott habe den Menschen in den Garten gesetzt, »daß er ihn bebaute und bewahrte«.

Die Bibel lehrt uns das *Staunen vor der Schöpfungsvielfalt.* »Ein jedes nach seiner Art«, so heißt es mehrfach im Schöpfungsbericht Genesis 1, und am Schluß heißt es dann: » . . . und siehe, es war sehr gut«. Wir müssen wieder das ehrfürchtige Staunen lernen, die Freude, das Loben und Danken, damit wir behutsam umgehen mit dem, was Gott geschaffen hat. Alle lebendigen Wesen – Pflanzen, Tiere und wir Menschen – sind vom Grundmuster des Lebens, der einzelnen Zelle, her geschaffen, und welche Vielfalt ist daraus geworden! Alle brauchen sie Licht und Luft und Wasser, um zu existieren. Und dann sind sie eingebunden in die große Nahrungskette, wo eins dem anderen zur Lebenserhaltung dient und nicht ausfallen darf.

Unsere Phantasie könnte sich niemals einen so weitgespannten Reichtum an Arten und Formen ausdenken – wir haben ihn vorgefunden. Von den Psalmen an haben immer wieder glaubende Menschen die Schönheit der Schöpfung Gottes besungen. Und die besten Forscher und Kenner der Natur sind sehr demütige Leute gewesen. Wir Menschen gehören eng zusammen mit »Schwester Pflanze« und »Bruder Tier« und kommen mit ihnen aus Gottes Hand.

Zu einem besonderen Problem im Zusammenhang mit »Bewahrung der Schöpfung« ist heute die *Kernkraft* geworden. Ihre Entdekkung gelang auf der Suche nach neuen, wirksameren Waffen in den Auseinandersetzungen des 2. Weltkriegs. Und viele meinten, daß mit der friedlichen Nutzung zur Energiegewinnung aus dieser kriegerischen Wurzel nun ein Werkzeug zum Segen für die Menschheit geworden sei. Statt dessen sind wir jetzt in Schwierigkeiten geraten mit Strahlenverseuchung und Bewältigung der Entsorgung. Dieses Thema ist so recht geeignet, Menschen gegeneinander aufzubringen. Was heißt in diesem Bereich »Schöpfung bewahren«? Nur plakativ sind diese Konflikte nicht zu lösen. Weder Leichtfertigkeit noch Panik sind hier hilfreich. Offenbar müssen wir noch längere Zeit miteinander ringen, suchen und arbeiten, ob und wie neue Energiequellen erschlossen werden können, und was verantwortet werden und wie das Leben geschützt werden kann.

b) Das Leben nicht antasten

Im direkten Gegenüber zu unseren Mitmenschen ist es ganz klar, was der Schöpfer uns gebietet: Du sollst nicht töten. Dafür haben auch Nichtchristen und Angehörige anderer Religionen meist ein tiefes Empfinden. Diese Grenze dürfen wir nicht überschreiten. Das Leben ist vom Schöpfer geschützt. Er möchte, daß wir einander beistehen, damit wir leben können: versorgen und pflegen und achtungsvoll dem andern den Lebensraum lassen oder verschaffen helfen, den er braucht. Grundsätzlich ist das klar, und Christen sind von ihrem Glauben her gewiß, daß alle Menschen um uns herum von

Gott Geschaffene und von Christus Gesuchte sind, auch die fernen Nächsten überall auf der Welt.

Und doch gibt es Gebiete, auf denen unter uns Leben angetastet wird und auch Christen in der Versuchung stehen, sich am Leben von Menschen zu vergreifen. Die hohen Zahlen von *Abtreibungen* sind alarmierend. Es hat sich zwar damals, als die Wogen um den § 218 hochgingen, die sogenannte »Fristenlösung« nicht durchsetzen können, sondern die »Indikationslösung«, die dem ungeborenen Leben noch etwas mehr Schutz bieten sollte. Aber im allgemeinen Volksbewußtsein hat sich eine Art »Recht auf Abtreibung« eingebürgert, die »soziale Indikation« wird viel zu weit ausgelegt, und wer diese Indikation haben will, der findet bestimmt eine Stelle, auch unter dem schönen Namen Pro Familia, wo er sie bekommt. Und das in einem der reichsten Länder der Erde!

Man kann sich des Eindrucks nicht erwehren: Es ist häufig nicht materielle Not, was Frauen zur Abtreibung treibt, sondern ein Kind paßt eben nicht in die Lebensplanung, weil es Ausbildung, Berufstätigkeit, Selbstverwirklichung oder ganz schlicht Genuß und Bequemlichkeit stören würde. Einen solchen Störenfried schafft man sich dann schnell »vom Leibe«, medizinisch korrekt und auf Krankenschein. Aber man bedenkt nicht, wie auch bei sauberer medizinischer Handhabung tiefe seelische Verletzungen zurückbleiben, die nach Jahrzehnten wieder aufbrechen können. Und was für eine Vorstellung vom Menschen steckt dahinter? Sind wir es denn, die selbstherrlich Leben »machen« und wieder wegwerfen können?

Ein ähnlich verantwortungsloses Umgehen mit dem Leben steckt hinter der Auseinandersetzung um die *Sterbehilfe*. In den 30er Jahren hat man das »Euthanasie« genannt (= guter Tod). In den letzten Jahrzehnten hat die Medizin im Kampf gegen den Tod große Erfolge errungen, und mit großem technischen Einsatz wird heute auf den Intensivstationen Leben erhalten, das ohne diese Apparate hätte sterben müssen, und Leben verlängert, das uns nicht mehr lebenswert erscheint. Hier sind schwerwiegende Grenzfragen entstanden. Es muß heute wieder deutlich unterschieden werden zwischen einer Hilfe *beim* Sterben und Hilfe *zum* Sterben. Ein Arzt darf nicht töten, so wenig wie sonst irgendein Mensch. Seine Aufgabe ist vielmehr, zu heilen und Schmerzen und Belastungen zu lindern, so gut er nur kann.

Ebenso nötig wie medizinische Hilfe brauchen Kranke und Sterbende den menschlichen, seelischen und seelsorgerlichen Beistand. Am meisten sind hier die Angehörigen gefordert, ihren Kranken in seinen letzten Nöten nicht allein zu lassen, sondern bei ihm zu bleiben mit Trost, Nähe und Wärme. Die Krankenhäuser sind heute wieder mehr bereit, auf dies Menschliche zu achten und Angehörige zuzulassen. Sind wir Christen bereit, unseren Alten und Sterbenden diesen Dienst zu tun? Oder geben wir unseren Ausreden nach: »Ich halte das nicht durch«, »Ich bin nicht dafür geeignet«, »Dazu braucht es ausgebildete Leute, die es besser können«? Geburt und Sterben sind die Grenz-Ereignisse des Menschenlebens, und wer sich vor ihnen nur ständig drückt, der wird nicht reif.

Eine noch andere Art, das Leben anzutasten, kommt neuerdings auf uns zu mit den Möglichkeiten der *in-vitro-Fertilisation* und der *Gen-Technologie.* Gedacht, geplant und erarbeitet sind diese Dinge zunächst als Hilfe für Frauen, bei denen besondere medizinische Hindernisse vorliegen, daß sie keine Kinder bekommen können. Und so wurde es auch als Triumph der Medizin in den Medien verbreitet, als das erste »Retortenbaby« geboren wurde. Aber was eröffnen sich hier für Möglichkeiten, die auf ganz bedenkliche Abwege führen: Leihmutterschaft und Samenbanken, »Verbrauch« von »überzähligen« Embryonen (= Menschenkindern) zu Forschungszwecken, und schließlich auch Manipulationen am Erbgut.

Hier taucht wieder die Frage auf, ob wir Menschen alles machen dürfen, was wir können, und ob nicht dringend Selbstbeschränkung nötig ist. Um der Erhaltung der Menschheit willen brauchen wir sittliche Normen, die allgemein anerkannt und durchgesetzt werden. Es muß wieder klar werden, daß der Mensch kein Wegwerf-Produkt ist, sondern ein von Gott Geschaffener und Geliebter. Wenn wir Menschen nicht die Achtung und Ehrfurcht vor dem Leben durchhalten und neu lernen, werden wir nicht bestehen können. Und auch unsere Beherrschung der Natur darf nicht so weit gehen, daß wir mit manipulierten neuen Lebewesen die vorhandene Pflanzen- und Tierwelt verwirren und zerstören.

Deshalb sollten wir Christen für die Wissenschaftler und Politiker beten, die vor all diesen schweren Fragen stehen, daß sie den Versuchungen widerstehen und die rechten Wege finden. Gebet ist eine stärkere Macht als Anklage und Verurteilung, als Beifall und Bewunderung, als Streit und anmaßendes Gerede.

c) Mann und Frau vor Gott

Wir sind dem Schöpfer verantwortlich als Männer und Frauen. Es gibt nicht *den* Menschen, wir sind entweder männlich oder weiblich.

In tiefer Weisheit sagt es der Schöpfungsbericht der Bibel so (Genesis 1,27): »Er schuf sie als Mann und Frau.« Damit ist in unser Leben etwas hineingelegt, dem wir nicht entlaufen können. Es prägt uns zutiefst, und wir sollen es leben, gestalten und entfalten.

Von beiden wird gesagt, daß sie *»zu seinem Bilde«* geschaffen sind. Könnte jemand je etwas Höheres über den Menschen aussagen? Mann und Frau stehen vor Gott, sollen mit ihm Kontakt haben, sind ihm verantwortlich, sollen seine Art verwirklichen. So etwas Großes wird von der übrigen Kreatur nicht gesagt: Dieses Besondere zeichnet den Menschen aus. Und von Anbeginn gilt das für beide. Sie sind zwar *verschieden-artig, aber gleich-wertig,* weil sie beide Gott-unmittelbar sind, beide den Zugang zu ihm haben.

Lassen wir uns doch nicht einreden, wir Frauen seien etwas Minderwertiges und müßten uns erst jetzt daraus befreien und emporschwingen! Lassen wir uns doch nicht einreden, der christliche Glaube sei patriarchalistisch und lasse die Frau nicht gelten! Lassen wir uns doch nicht einreden, die Entwicklung müsse hinführen zu einem Einheitsmenschen, der weder Mann noch Frau ist (androgyn)!

Gott hat es so gewollt, daß das Menschliche immer in dieser zweifachen Ausprägung da ist, und daß diese zwei zueinander wollen und damit dem Leben dienen. Die polare Geschlechtlichkeit, die schon in der Pflanzen- und Tierwelt angelegt ist, setzt sich auch beim Menschen fort, und ihm ist wie den Tieren gesagt: »Seid fruchtbar und mehret euch und füllet die Erde!« (Genesis 1,28)

Anders als die Tiere bekommt der Mensch dazu den Herrschafts-Auftrag. Aber dieser Auftrag ist gebunden an das Stehen vor Gott, an das Verantwortlichsein vor Gott. Und damit ist der Mensch ein Werkzeug, ein Statthalter Gottes, eingesetzt zum »Bauen und Bewahren«, zum pfleglichen Umgang mit der Schöpfung. In diesen Aussagen des Schöpfungsberichts steckt eben *nicht* der Freibrief für eine willkürliche Ausbeutung der Natur; wer sie so verstehen will, hat sie gründlich mißverstanden.

Wie Mann und Frau ihr Miteinander gestalten, das hängt von vielerlei kulturellen Gegebenheiten ab; es sieht verschieden aus in Jäger- und Sammler-Kulturen, in bäuerlichen Verhältnissen oder in der heutigen Industriegesellschaft, verschieden im 1. oder 16. oder 20. Jahrhundert, verschieden am Äquator oder in Sibirien, verschieden in Europa, Asien oder Afrika. Immer aber werden Mann und Frau *in der Gesellschaft einander ergänzen* müssen. Es ist erstaunlich, welche Vielfalt von Formen und Möglichkeiten sich hierbei herausgebildet hat. Sagen wir doch nicht vorschnell, es müsse überall so sein wie bei uns! Sagen wir doch nicht vorschnell, es tauge alles nichts, was bisher gewesen ist; es müsse alles total anders werden! Wir stehen gewiß heute in Veränderungen, und es kann nicht alles so bleiben wie bei unseren Großmüttern. Aber auf Ergänzung angelegt bleibt auch der Mann des 20. Jahrhunderts und seine moderne berufstätige und berufstüchtige Frau.

Jede Veränderung des sozialen Gefüges bringt zwangsläufig weitere Veränderungen mit sich, an die man zunächst gar nicht gedacht hat. Aber immer kommt es darauf an, daß Frauen und Männer nicht einander bekämpfen, sondern vernünftige und sinnvolle Wege des Zusammenwirkens finden. Dabei sollen die jeweils besonderen Gaben zur Entfaltung kommen und dem Ganzen dienen. Wer nur die Ellbogen gebraucht und seine eigenen »Interessen« durchboxen will, schadet zuletzt ganz gewiß auch sich selbst, abgesehen davon, daß er (oder sie) rücksichtslos gegenüber dem anderen handelt. Weder Anklagen noch Illusionen, weder weinerliches Selbstmitleid noch pauschales Vorurteil sind hier hilfreich, wohl aber nüchterne Arbeit und Verständnis für den anderen.

Die Ehe wird heute tausendfach infrage gestellt, theoretisch mit vielen superklugen Überlegungen und praktisch durch die vielen Partnerverbindungen ohne Trauschein. Dabei bleibt es bestehen, daß Mann und Frau zueinander wollen – das hat der Schöpfer in uns Menschen hineingelegt und uns die wunderbaren Gaben der Erotik und Sexualität gegeben. Was wir Menschen aus diesen Gaben machen, das ist leider oft viel mehr vom Bösen, vom Gegeneinander geprägt und macht in vielen Fällen aus der guten Gabe Gottes die Hölle auf Erden.

Trotz alledem – es bleibt die gute Gabe Gottes! Nicht ein Paradies ohne Belastungen, sondern oft ein steiniger Weg oder eine ständige Gratwanderung. Vielleicht ist die damit gestellte Aufgabe heute tatsächlich größer geworden, da wir eine viel höhere Lebenserwartung haben als frühere Generationen und der Raum der Ehe sich so stark ins Private verlagert hat. Wie viele leiden darunter, daß sie sich nichts mehr zu sagen wüßten, daß sie sich auseinandergelebt hätten! Die hohen Scheidungsziffern sind bedrückend. Aber sie werden nicht geringer durch längere Zeiten der »Ehe auf Probe«, im Gegenteil! Luthers Aussagen klingen für viele hoffnungslos veraltet und sind doch so goldrichtig: » . . . keusch und züchtig leben in Worten und Werken, und ein jeglicher sein Gemahl lieben und ehren.« Auf gegenseitige Achtung läßt sich eher verläßliche Treue bauen als auf ein heißes Strohfeuer von Liebe. Und wo man nicht vorschnell miteinander intim wird, sondern warten kann, bis man einander gründlicher kennt und die äußeren Voraussetzungen für ein gemeinsames Leben geschaffen hat, da ist die Grundlage solider. »Liebende leben von der Vergebung«, sagt Manfred Hausmann. Christen haben den Zugang zu den Kräften der Vergebung, weil sie in Gottes Vergebung geborgen sind.

Es ist vom Schöpfer so gewollt, daß aus der Ehe die *Familie* wird. Kinder sind nicht der einzige Sinn der Ehe; die beiden dürfen sich gewiß auch absichtslos aneinander und miteinander freuen. Aber die Aufgabe, das Leben weiterzugeben, ist nun einmal der Ehe mitgegeben.

Kinder sollen nicht im leeren Raum aufwachsen, sondern Vater und Mutter haben. Sie brauchen den Schutzraum, das warme Nest, die Hilfe und Anregung von der elterlichen Liebe. Und umgekehrt soll die Ehe wachsen und sich vertiefen durch die Elternschaft. Wir können nicht Kinder »machen« oder uns »anschaffen« – es bleibt die große Gabe des Schöpfers. Er benutzt uns für sein Schöpfungswerk, das wir dann mit Staunen und Dank empfangen. Gewiß sind Kinder auch eine Last. Wer nur von den »süßen Kleinen« träumt, der hat noch wenig von der Verantwortung begriffen. Unruhige Nächte, Arbeit und Mühe, ständige Verfügbarkeit, Sorgen und Kummer, oft auch bittere Enttäuschungen – das gehört alles dazu.

Kinder wachsen auch nicht einfach lieb und harmonisch heran, wie wir uns das vorstellen möchten, sondern entwickeln unliebsame Eigenschaften, sind zeitweise schwierig, haben Krankheiten, kommen mit der Schule nicht klar, suchen sich Freunde, die uns nicht gefallen – kurz, sie wollen ihr eigenes Leben finden und absolut nicht das unsere weiterführen.

Und doch sind es unsere geliebten Kinder, unser Fleisch und Blut. Und es gehört mit zum Schönsten in einer Ehe und Familie, wenn man den Weg der erwachsenen Kinder mit Interesse und Fürbitte begleiten und Enkelkinder heranwachsen sehen kann. Gerade wenn man nicht vordergründig auf Dank und Lohn von den Kindern wartet, dann kann sich die neue Beziehung erwachsener Menschen einstellen, die tiefe Freude bereitet.

d) Nüchtern in den Ordnungen der Welt

Wer sich dem Schöpfer verantwortlich weiß, der kann *seinen Ort annehmen,* an den er nun einmal gestellt ist. Das Träumen von Wolkenkuckucksheimen ist nicht christlich. Es hilft auch nicht, das Leben zu bewältigen, sondern läßt einen manchmal recht unsanft auf die Nase fallen. Die Begriffe »Traum« und »Utopie« werden heute zwar viel in positivem Sinn gebraucht, besonders seit das »I have a dream« von Martin Luther King zum geflügelten Wort wurde. Soviel ist daran richtig: Wir Menschen brauchen irgendwelche Zielvorstellungen, die über den grauen und monotonen Alltag hinausgehen, die Hoffnung wecken und Schwung verleihen können. Aber wer garantiert uns, daß wir dabei nicht einer riesengroßen Täuschung zum Opfer fallen? Und wo bleibt die Realität, die Anforderung des Alltags?

Christen richten ihre Hoffnung auf das letzte Ziel, die ewige Herrlichkeit, die Gott selbst am Ende der Zeit aufrichten will. Und deshalb brauchen sie die zweitrangigen Ziele nicht mehr so nötig. Dann kann man der Wirklichkeit viel eher ins Auge sehen, wie sie ist, man braucht keine rosarote Brille mehr aufzusetzen. Wer sich ständig wünscht, anderswo oder anderswann leben zu können, als Mann geboren zu sein und nicht als Frau, andere Eltern oder andere Eigenschaften mitbekommen zu haben, der wird dadurch erst recht untüchtig, die Aufgaben zu bewältigen, vor denen er nun einmal steht.

Das meiste, was wir tun sollen, ist klein und unscheinbar. Der große Wurf, die Heldentat, die Wirkung in die Öffentlichkeit hinein – das sind seltene Ausnahmen. Kleine Dinge mit Treue tun, verläßlich durchhalten, mit behutsamen Schritten das Nötige vorantreiben, das erfordert viel Einsatz und Phantasie.

Aus vielen kleinen Dingen setzt sich schließlich das Große zusammen.

Wer sich bei seinem Herrn geborgen weiß, kann solche Nüchternheit aufbringen und braucht sich nicht auf der Jagd nach wechselnden Utopien und Schwärmereien kaputtzumachen. Leistung, Erfolg, Prestige, Karriere – das ist alles nicht mehr so wichtig. Ich muß auch nicht meine »Selbstverwirklichung« durchboxen. Für die wird mein Herr schon sorgen!

Wer zu seinem Herrn im Himmel betet, der kann mit Jesus »dem Kaiser geben, was des Kaisers ist«. In unserer heutigen Welt heißt das: Der Christ kann *den Staat anerkennen* als eine Ordnungsmacht, die in Gottes Auftrag den Menschen dienen soll. Es geht nun einmal auf unserer dicht besiedelten Erde und in der modernen Industriegesellschaft nicht ohne solche Ordnungsmächte. Weder die Horde und der Sippenverband aus der Steinzeit noch die geträumte Basisdemokratie, wo alle gleichviel (oder gleich wenig) Verantwortung tragen, sind heute durchführbar. Christen sind dankbar dafür, daß es Gesetze und Gerichte gibt, die das Recht schützen, daß es Versicherungen und Renten gibt, die den Einzelnen in Notsituationen auffangen, daß die Polizei uns vor Übergriffen krimineller Gewalt schützt und das Militär vor Übergriffen von außen. Wenn der Staat das alles leisten soll, braucht er Menschen, die bereit sind, Ämter zu übernehmen, braucht er Geld und muß von uns allen Steuern erheben, und braucht er Macht. Als Christ darf ich nicht grundsätzlich die Macht verteufeln oder den Staat schlecht machen in dem ich lebe. Ein Widerstandsrecht ist erst dann gegeben, wenn der Staat ständig und bewußt gegen Gottes Gebote verstößt, die Verkündigung des Evangeliums hindert und seine Boten verfolgt. Immer aber ist der Christ gerufen, für die zu beten, die die Staatsgewalt innehaben. Dort ist die Verantwortung groß und die Versuchungen sind vielfältig. »Die da oben« sind der Kritik von allen Seiten ausgesetzt. Sie brauchen dringend die Fürbitte, damit sie gute Wege und Lösungen der verwickelten Probleme finden.

Es gibt einige Dinge, die in unserer heutigen Gesellschaft besonders umkämpft sind und die Gemüter tief erregen: die Fragen um *Frieden und Abrüstung,* um eine gerechte *Verteilung der Arbeit,* um die weltweite *Entwicklungspolitik* und die *Menschenrechte.* Alle diese Fragen reichen hinein in die weltanschaulichen und religiösen Grundüberzeugungen. Gerade deshalb wird darum ja so erbittert gestritten.

Wo sollen wir als Christen hier unseren Ort finden? Gibt nicht unser Glaube hier manchmal sehr klare Richtlinien? Und dann erleben wir es, daß andere Christen doch anders denken, und wir sind verwirrt. Wir streiten darüber, welches der »christlichere« oder der »allein christliche« Weg in dieser Sache sei.

Es ist schwer, solche Gegensätze auszuhalten. Es ist schwer, zuzugeben, daß die Bibel in diesen Fragen keine eindeutige Weisung gibt. Es ist schwer, die Unterscheidung zu lernen zwischen Glaubensfragen, die unbedingten Gehorsam verlangen, und Ermessensfragen, in denen zunächst das nüchterne Abwägen der Gegebenheiten und Möglichkeiten »dran« ist. Es ist schwer, den Mitchristen freizugeben für seine andere politische oder kulturelle Überzeugung und doch im Glauben voll eins miteinander zu bleiben. Aber gerade das ist der Punkt, wo sich Glaube und Ideologie unterscheiden. Die Ideologie muß ihre Meinung absolut setzen und damit auf den Werbefeldzug gehen. Der Glaube bezeugt das, was von Gott kommt, und kann dann anderen Menschen die Entscheidung freilassen.

Wir Deutschen stellen immer wieder mit Erschrecken fest, daß *wir mit der Demokratie noch nicht richtig umgehen können.* Zur Demokratie gehört ebensoviel Einsatz und Engagement wie Gelassenheit und Geduld. Die Welt der Parteien und der Medien ist viel zu schnell voll von plakativen Schlagworten. Ehe man anfangen kann zu begreifen, um was es eigentlich geht, sind schon die Beurteilungen da, und meistens gleich in Form von Vorwürfen, Forderungen und Verurteilungen. Jede Meinungsverschiedenheit, die ausgetragen werden sollte, heißt in der Öffentlichkeit schon »Familienkrach« und »Flügelkämpfe«, und man scheut sich auch nicht vor persönlichen Diffamierungen und Beleidigungen. Alle sehnen sich nach einer »politischen Kultur«.

Könnten Christen hier nicht diejenigen sein, von denen Geduld und Fairness ausgeht? Geduld im Aushandeln von echten Kompromissen, die sicherlich erst nach harter Arbeit gefunden werden können und nicht im Geschwindschritt? Und Fairness in der Achtung des politischen Gegners als eines Menschen, der auch um das Wohl aller sich müht und das Beste will? Darüber hinaus könnten Christen noch solche sein, die ihre Fehler zugeben können. Vielleicht geht das oft geübte Schielen auf die vermeintliche Wählergunst von falschen Vorstellungen aus: Könnte es nicht sein, daß der Wähler viel eher Aufrichtigkeit erwartet und durchaus zu einem gewissen Verzicht bereit ist, wenn er in echte Mitverantwortung hineingenommen wird? Politiker sind keine Übermenschen, an die wir rigorose Maßstäbe anlegen dürften, nach denen wir selber keineswegs uns zu richten bereit sind. Wer könnte das besser wissen als der Christ, der nüchtern zugeben kann, daß wir Menschen alle fehlbar sind und alle von Christus befreit und erlöst werden können!

4. In die Gemeinde gestellt

a) Heimat für meinen Glauben

Wo Christen sind, da muß es auch eine *Gemeinde,* eine Kirche geben. Der Glaube fällt nicht irgendwann senkrecht vom Himmel, sondern durch die Jahrhunderte hindurch haben Christen ihn weitergegeben, bezeugt und erzählt, geredet und geschrieben, und mit ihrem Tatzeugnis der Liebe tiefe Spuren in ihre Völker hineingegraben. So kann man heute die Geschichte Europas, seine Kunst und Musik gar nicht verstehen, wenn man nichts vom christlichen Glauben weiß. Uns allen ist der Glaube von Kind auf überkommen, vielen vertraut gemacht in den Formen der *Volkskirche.* Aber wir wissen zu gut, wie sie heute abbröckelt, wie viele sich vom Glauben abgewandt haben, und wie sehr das öffentliche Leben sich gebärdet, als gäbe es keinen Gott und als wüßte man nichts mehr von Jesus Christus.

Mitten in solchen Strömungen steht die Kirche und hält unbeirrt ihre Gottesdienste, tauft und unterrichtet Kinder, konfirmiert junge Menschen, segnet Ehepaare ein und begleitet beim Sterben. Sie weiß, daß sie mit alledem wie auf verlorenem Posten steht, weil sie den Glauben nicht »machen« kann. Dazu braucht es einen schöpferischen Akt, und das behält Gott selbst sich vor. Er tut es durch seinen *Heiligen Geist,* der weht, wo er will, und über den wir nicht verfügen können. Und doch dürfen wir um diesen Geist bitten, und wir stellen immer wieder staunend fest, wo und wie er gewirkt hat.

Wir müssen auf den Geist warten, ja, aber nichts ist verloren, was im Glauben geschieht. Denn Gottes Geist will uns benutzen als sein Werkzeug. Er treibt die Christen zusammen, daß sie einander stärken und gemeinsam ihr öffentliches Zeugnis wagen. Er läßt den einzelnen Christen in der Gemeinde ein Zuhause haben, von dem er ausgehen und in das er zurückkehren kann, das Schutz bietet und zugleich Antrieb gibt zum eigenen Handeln. Als Getaufte sind wir zusammengebunden und sollen Bekennende werden.

In der Gemeinde geschieht die *Einübung in die Formen der Frömmigkeit.* Das beginnt in der kleinsten Zelle der Gemeinde, in der Familie. Christliche Eltern beten *über* ihrem Kind von Anfang an, und wenn es anfängt, selber zu verstehen, dann beten sie *mit* ihm. Viele haben als kleine Kinder einen solchen Anfang mit dem *Gebet* gemacht, und es kommt sehr darauf an, daß dieser Anfang nicht versandet. Das Beten wächst mit dem Heranwachsenden im Kindergarten, Kindergottesdienst und Religionsunterricht, bis er in das Beten der Erwachsenen hineingenommen wird, zu Hause und im Gottesdienst. Die erzählte biblische Geschichte kann von den einfachsten Formen an kontinuierlich hinführen bis zum eigenen *Bibellesen* und Bibelstudium. Und noch immer ist es so gewesen, daß gestandene Christen da zu finden sind, wo man sich in seiner Bibel auskennt und sie täglich benutzt. Das *Lied* ist ein wichtiges Glied der Glaubenspraxis, und schon viele Christen sind über das Singen in die Weite und Tiefe des Glaubens hineingedrungen. Alle diese Formen der Frömmigkeit können in der Familie anfangen und setzen sich in der Gemeinde fort. Vom Kindergebet über die Hausandacht führt ein guter Weg bis zum Gottesdienst.

Dabei werden menschliche *Vorbilder* für den jungen Christen eine ausschlaggebende Bedeutung haben. In unserer Zeit werden Glaubenswahrheiten nicht mehr einfach abgenommen, sondern es wird nachgefragt, wie sich dieser Glaube denn im Leben auswirkt, und es wird denen genau auf die Finger gesehen, die sich dazu bekennen.

Manchmal werden Eltern und Großeltern urplötzlich direkt gefragt nach den Beweggründen ihres Handelns, und dann sollten sie ihren Glauben klar benennen können. Oft sind es aber ganz andere Menschen, auf die unsere Kinder schauen: Lehrer, Jugendleiter, ältere Jugendliche. Wir sollten als Eltern froh darüber sein, auch wenn etwas andere Formen der Frömmigkeit größere Anziehungskraft ausüben als die unsrigen. Solange es Christen und verläßliche Menschen sind, sollten wir ihr Vorbild nicht fürchten.

Ganz wichtig wird im Jugendalter die Zugehörigkeit zu einer *Gruppe*. Im Kinder- und Jugendkreis kann Entscheidendes eingeübt werden, was zunächst nur unter Gleichaltrigen möglich ist: gemeinsames Bibellesen, eigener Ausdruck in Lied und Gebet, Verantwortlichkeit und Verläßlichkeit, Zusammenbleiben trotz Verschiedenheiten, Fürsorge für Schwächere, saubere Formen von Geselligkeit und Fröhlichkeit. Gerade heute, wo viele Kinder in einer Kleinfamilie aufwachsen und kaum Geschwister haben, werden Erfahrungen dieser Art immer wichtiger. Wir sollten alles daran setzen, daß sie innerhalb der Gemeinde gemacht werden können.

Die Gemeinde ist darauf angewiesen, daß ihr immer wieder neue *Mitarbeiter* zuwachsen. Jugendliche tun das oft mit Feuereifer eine Zeitlang und lernen dabei unerhört viel für ihr eigenes Leben. Aber die Gemeinde braucht dringend auch Ältere, die über längere Zeiträume hinweg zur Verfügung stehen. Sie braucht alle Altersstufen, weil die Gemeinde alle Altersstufen einschließt. Sie braucht vielerlei Gaben und Talente zur Gestaltung ihres Gemeindelebens und der Aufgaben der Gemeinde »in der Welt«. Eigentlich braucht sie jeden zum Mitdenken und Mittun und kann sich inaktive Glieder gar nicht leisten.

Wo der richtige Ort unserer Mitarbeit ist, das muß der einzelne Christ selber finden, vielleicht im Gespräch mit solchen, die schon länger mitarbeiten. Dabei darf es nicht darum gehen, ob der Kirchenälteste mehr ist als die Jugendleiterin, ob Kaffee-Einschenken weniger sei als Basteln für den Basar oder Textlesen im Gottesdienst mehr als Orgelspielen. Wir Menschen neigen leider immer wieder zu solchen Vergleichen. Aber Gott gibt nun einmal verschiedene Gaben, und alle die unterschiedlichen Talente werden gebraucht, damit ein gutes Ganzes werde und lebendig sein könne. Und wenn mir eine Aufgabe vor die Füße fällt, die mir nicht »liegt«, aber im Augenblick dringend nötig ist? Dann kann ich auch sie getrost aufgreifen, warum denn nicht!

b) Gegliederte Vielfalt

Man hört heute so oft, die *verschiedenen Konfessionen* seien eine Schande für die Kirche. In ihnen zeige sich ihre hoffnungslose Zerrissenheit. Wer sich einen Überblick verschaffen will, was es außer der Trennung evangelisch-katholisch noch alles gibt an verschiedenen »Denominationen«, wie man im englisch-sprachigen Raum sagt, an Freikirchen und den verschiedensten Sekten, der erschrickt und verliert die Orientierung. Man müßte sie näher kennenlernen, aber das ist gar nicht so leicht möglich. Dazu kommen die Nuancen und Variationen durch das Vorhandensein von Christen in verschiedenen Völkern, Sprachen und Kulturkreisen. Den einen wird das große Befremden überfallen, wenn er in einen Gottesdienst in Afrika oder Indien kommt; der andere wird tiefe Freude empfinden über die vitale Lebendigkeit, die dort zu spüren ist. Aber kann ich mich da zu Hause fühlen? Ist das mein Glaube, oder ist es eine ganz andere Religiosität? Was ist das Gemeinsame, das Erkennungszeichen christlicher Gemeinden? Ich denke, das Bekenntnis zum dreieinigen Gott, das Hängen an Jesus Christus, dem menschgewordenen Gottessohn – wo das ist, da können wir aufeinander zugehen. Doch es ist nicht notwendig, daß alle Kirchen sich organisatorisch vereinigen. Jede kann gut und gern ihr Besonderes haben und behalten, wenn es nur bezogen ist auf die Hauptsache.

Die *ökumenische Bewegung* arbeitet in unserem Jahrhundert daran, daß wir in den verschiedenen Kirchen einander besser kennenlernen und Schritte aufeinander zu tun. So hat sich das Verhältnis zwischen der evangelischen und katholischen Kirche in wichtigen Punkten verbessert, so daß man viele Dinge wieder gemeinsam tun kann und auch der schlimmste Druck von den konfessionsverschiedenen Ehepaaren abgefallen ist. Aber der Weg aufeinander zu muß behutsam gegangen werden. Wer da im Geschwindschritt schnelle Erfolge erzielen will, der riskiert, daß es Rückfälle gibt. Man muß um die unterschiedlichen Glaubensauffassungen offen und ehrlich ringen und darf der Wahrheitsfrage nicht aus dem Weg gehen. Was in Jahrhunderten gegeneinander stand, muß sich mit Geduld einander annähern. Doch dieser Weg hat Verheißung und ist schon so weit gelungen, daß man nur staunen und dankbar sein kann.

Ähnlich ist es mit den Beziehungen zu anderen Kirchen in der Welt. Der sogenannte »Ökumenische Rat der Kirchen« in Genf möchte schnelle Einigungen erzielen über humanitäre Hilfsprogramme und politische Aktionen. Hier läuft man aber Gefahr, sich den Unterschieden im Glauben nicht mehr zu stellen, sondern sich mit einer oberflächlichen Gemeinsamkeit im Handeln zu begnügen. Damit gerät man dann leicht in den Sog anderer weltanschaulicher Bewegungen.

Wir müssen es akzeptieren, daß uns der christliche Glaube in vielerlei Gestalt entgegenkommt. Wer das nüchtern sieht, kann einerseits dankbar seine eigene kirchliche Heimat annehmen und andererseits unablässig danach suchen und fragen, was im Glauben das Wichtige und Verbindende ist.

Zu der Verschiedenheit der Kirchen gibt es heute auch innerhalb der einzelnen Kirche mancherlei *Streit und Auseinandersetzung* um das, was die Kirche tun sollte, wenn sie ihrem Herrn treu nachfolgen wolle. Es gibt Gruppen und Grüppchen in schier unübersehbarer Zahl. Auch das ist nicht von vornherein schlimm. Es ist vielleicht nötig, damit der Glaube konkret werden kann, denn jede dieser Gruppen greift einen anderen wichtigen Aspekt auf. Solche Vielfalt kann nach innen Nestwärme vermitteln, und nach außen ergibt sie die Lebendigkeit, die aller Uniformität wehrt.

Oft aber reichen die Gegensätze noch tiefer, wird dem Andersdenken »der Glaube abgesprochen«, werden die Brücken untereinander nicht mehr begangen und empfindet man schmerzhafte Frontstellungen. Auch hier vollzieht sich ein Prozeß der Wahrheitssuche. Denn die Bibel ist eben kein Rezeptbuch für jede Lebenslage, sondern es muß ständig neu darum gerungen werden, wie sie zu verstehen und auszulegen sei. Die Kirche ist keine Einheitspartei, sondern ein lebendiger Organismus mit Fehlern und mit viel Hin und Her. Das müssen wir aushalten, auch wenn es wehtut. Wir haben kein päpstliches Lehramt, und auch Bischöfe können in der evanglischen Kirche nicht einfach ein Machtwort sprechen. Wir Christen müssen alle mit suchen, mit ringen, mit beten, daß Christi Wahrheit auf den Leuchter kommt und Klarheit schafft, und daß die Theologen in besonders verantwortlichen Stellungen die Wahrheit erkennen und mutig bekennen.

c) Vergebene Schuld

Wie gehen wir mit Schuld und Sünde um? Es wird oft gesagt, der heutige Mensch könne mit dem Wort Sünde nichts mehr anfangen und fühle sich nicht mehr schuldig vor seinem Gott. Bei Luther sei es noch die wichtige Lebensfrage gewesen: »Wie kriege ich einen gnädigen Gott?«, aber der moderne Mensch habe seine Dinge selbständig in die Hand genommen und stehe seinem Gott frei gegenüber ohne Unterwürfigkeit. Er glaube vielmehr an den Gott der Liebe und Menschenfreundlichkeit und an den guten Kern im Menschen, der nur ermutigt und entwickelt werden müsse.

Aber es nimmt sich merkwürdig aus, daß neben diesen stolzen Aussagen wir Menschen heute überall einander Schuld zuweisen und zuschieben. Zum Beispiel beim Verkehrsunfall wollen die Versicherungen unbedingt einen Schuldigen feststellen und zur Zahlung verpflichten. Wer mir schlechte Ware liefert oder fehlerhafte Handwerksarbeit leistet, den versuche ich zum Schadensersatz heranzuziehen. Wenn Politiker mit ihren Entscheidungen keine mehrheitliche Anerkennung mehr finden oder wenn einer ihrer Beamten sich etwas hat zuschulden kommen lassen, dann fordern wir »Konsequenzen«. Und über 40 Jahre nach Kriegsende wird es nicht still mit den Enthüllungen über Kriegsverbrechen von heute noch lebenden Menschen. Daran zeigt sich, daß der Stachel von Schuld tief sitzt in den Herzen und die Aufarbeitung offenbar immer noch nicht abgeschlossen ist.

Schuld ist eine Tatsache unter uns Menschen. Wer leugnen will, daß es so etwas gibt, den holt die Schuld durch die Hintertür ein. Die Beziehungen von Menschen untereinander sind nicht nur voll von Liebe und Güte, sondern überall belastet mit Schuld. Die Ärzte und Psychotherapeuten wissen ein Lied davon zu singen, wie verdrängte Schuld Menschen krank und kaputt macht.

Christen wissen den Weg; daß man seine Schuld zu Gott hintragen, vor ihm bekennen und loswerden kann. Es kostet Mut, diesen Weg zu gehen. Denn er erfordert Aufrichtigkeit, die unsere so beliebten Ausflüchte und Selbstrechtfertigungen fahren läßt und der Wahrheit über uns selbst ins Gesicht sieht. Seine Schuld zugeben, zu ihr stehen, sie bejahen, sie be-jichten – beichten – dabei werden wir arm und kümmerlich vor unserem Gott. Aber wer so am Boden liegt, der erlebt es, daß der Herr ihn da nicht liegen läßt, sondern ihn barmherzig aufhebt. Auf unsere aufrichtige *Beichte* hin spricht der Herr uns frei und eröffnet uns einen neuen Anfang.

Wer so befreit worden ist, der bricht in jubelnden Dank aus. »Wo Vergebung der Sünden ist, da ist Leben und Seligkeit«, sagt Luther. Hier ist die Brunnenstube eines lebendigen Glaubens, eines Glaubens mit Stehvermögen und Durchhaltekraft. Hier wurzeln die Lobgesänge der Kirche, von Davids Psalmen über Bachs Kantaten bis heute.

Wir Evangelischen haben unsere Schwierigkeiten mit dem Wort »Beichte«, weil wir uns dabei eine erzwungene und veräußerlichte Sitte vorstellen. Es würde uns aber oft sehr helfen, wenn wir unsere Schuld vor Gott auch im Beisein eines christlichen Bruders aussprechen und von ihm im Auftrag Gottes die Lossprechung annehmen könnten. Wir dürfen einander solchen Dienst tun, Frauen wie Männer. Zur Gemeinde gehören, das heißt nicht nur nett zueinander sein und fröhliche Feste miteinander feiern, sondern auch einer des anderen Last tragen, mit ihm und für ihn vor Gott einstehen und ihm beistehen bei ersten tastenden Schritten einer neuen Bewährung.

Wo Gemeindeglieder so miteinander vor ihrem Herrn stehen, lernen sie auch untereinander *Vergebung annehmen und Vergebung üben.* Wieviel menschliche Verzweiflungstaten sind daraus erwachsen, daß Vergebung hartherzig verweigert worden ist. Von der Mitte des Glaubens her erkennen wir, daß es vor Gott keine »hoffnungslosen Fälle« gibt, sondern jedem die Umkehr offen steht. So dürfen auch wir unser Herz nicht verhärten, sondern uns freuen, wenn ein Mensch sich ändert, sich bessert. Die neuen Anläufe kann man mit herzlicher Freude begleiten und ermuntern, wenn das Alte vergeben ist.

Einem Menschen immer neu seine alte Schuld nachtragen, das ist unbarmherzig. Vergebung reinigt die Atmosphäre zwischen uns. Bleibende Schwächen können mit verstehender Liebe behütend begleitet werden, ohne alte Vorwürfe ständig zu erneuern.

Vielleicht ist es umgekehrt aber ebenso schwer, Vergebung zu erbitten und anzunehmen. Man muß sich dabei vor dem Bruder oder der Schwester demütigen, man schämt sich seiner Taten und kann es kaum glauben, daß der andere so etwas wirklich vergeben kann. Denken wir doch groß von dem, was der Herr mit seiner Vergebungskraft auch in uns kleinen Menschen ausrichten kann! Seien wir nicht zu stolz, diese Wege zu gehen. Lassen wir doch nicht zu, daß unser Stolz diese wichtige Erfahrung verhindert, die eine unbändige Freude und vertiefte Gemeinschaft untereinander bewirkt.

d) Hoffnung auf die Vollendung

Die zur Gemeinde Jesu Christi gehören, haben Hoffnung. Solche Hoffnung gibt Geborgenheit für dieses Leben und reicht darüber hinaus bis an das letzte Ziel. Sie erschöpft sich nicht in Terminspekulationen um das Weltende und versinkt nicht in negativer oder jammernder Weltuntergangsstimmung. Wer meint, das sei christlich, der hat den Glauben gründlich mißverstanden.

Vielmehr schauen Christen auf das Ziel aller geschichtlichen Ereignisse, auf das Reich Gottes, auf die Vollendung. Die Bibel gebietet uns an vielen Stellen, den Blick dorthin zu richten. Diese Vollendung können wir Menschen nicht errichten oder herbeizwingen. Sie ist kein Produkt menschlicher Anstrengungen. Auf welchem Feld auch immer wir unsere Bemühungen ansetzen – wir werden das Paradies auf Erden nicht schaffen, weder ein sozialistisches noch ein pazifistisches, weder durch straffe Regierungen noch durch demokratische Freiwilligkeiten, weder durch Geburtenbeschränkungen noch durch Friedensstrategien. Gott der Herr hat alle unsere Versuche und Gestaltungen in den Händen und gebraucht sie in seiner Weltregierung. Aber das Ziel, *die Vollendung, hat Er sich vorbehalten.* Wir können nur ahnen, wie es dann sein wird, denn es übersteigt unsere Vorstellungskraft. Die Bibel sagt es in Negationen (kein Leid, kein Schmerz, kein Krieg mehr) und deutet es an in gleichnishaften Bildern (Ernte, Hochzeit, himmlisches Jerusalem).

Christus wird wiederkommen – das markiert den Beginn der Vollendung. Auferstehung und Jüngstes Gericht sind Stationen bei der Entstehung der vollendeten Welt Gottes. Vieles wird aufhören müssen, alles wird neu gestaltet. Vorstellen können wir uns das kaum. Aber es ist uns zugesagt, daß es ein ewiges Leben und ein »Beim-Herrn-sein-allezeit« (1. Thess. 4,17) geben wird für die, die zu ihm gehören. Das dürfen wir mit Festigkeit glauben und uns darauf freuen. Lassen wir uns doch nicht durcheinanderbringen, weder durch solche, die sagen, mit dem Tod sei alles aus, noch durch die Unheilspropheten unserer Tage, noch durch die Aufpeitscher menschlicher Welterneuerungs-Ideen!

»Leben wir schon in der Endzeit?« fragen Christen heute. Wir haben den Eindruck, daß die Katastrophen zunehmen, die Erde immer enger und kleiner wird, daß Glaube und Liebe schwinden und die Menschen immer unsicherer und orientierungsloser werden. Viele Züge unserer Zeit erkennen wir im Licht von Bibelstellen, besonders aus der Offenbarung des Johannes.

Aber daraus Terminberechnungen zu machen, ist uns verboten (Matth. 24,36). Im Lauf der Kirchengeschichte ist es mehrfach versucht worden, Termine für die Wiederkunft Christi zu bestimmen, und es traf nicht ein. Überall in der Bibel wird uns zugerufen: *Seid nüchtern und wachet,* denn ihr wisset nicht, wann euer Herr kommen wird! Um die »Zeichen der Zeit« richtig zu erkennen und zu deuten, brauchen wir einen umfassenden, nüchternen Blick in unsere Welt, ein gründliches Zuhausesein in der Heiligen Schrift, und ein betendes und hoffendes Herz. Wenn noch so sehr die Sensationsmeldungen sich überschlagen, die Prognosen für die Zukunft der Erde immer düsterer ausfallen, wenn wir als einzelne überall vor Ausweglosigkeiten stehen und es zum guten Ton gehört, Ängste zu haben und auszudrücken – Christen haben Hoffnung, weil vor ihnen nicht der Abgrund des Nichts gähnt, sondern weil sie auf ihren kommenden Herrn zugehen.

Christen können aller Panik widerstehen, denn *Hoffnung macht getrost und stark* für unser Leben hier. Wir können unser Apfelbäumchen pflanzen, wie es in dem Luther zugeschriebenen Wort heißt, auch wenn das Ende dieser irdischen Welt nahe scheint. Angst und Hoffnungslosigkeit lähmt. Panik macht Menschen willenlos manipulierbar. Hoffnung macht nüchtern und schärft den Blick, die Chancen und Möglichkeiten zu erkennen und auszukaufen. Hoffnung läßt fleißig und tätig sein und eben nicht die Hände in den Schoß legen, weil angeblich »alles keinen Zweck« mehr habe. Hoffnung macht zufrieden und gelassen und bleibt nicht hängen an unerfüllbaren Wünschen und illusionären Träumen.

Der Hoffende nimmt das Letzte in den Blick und kommt darum mit dem Vorletzten besser zurecht als der Nimmersatte, der meint, seine Wünsche müßten immer sofort erfüllt werden.

Der Hoffende ist geduldig, weil er weiß, das Beste kommt zuletzt.

Der Hoffende nimmt Gott bei seinem Wort und traut seiner Zusage mehr als allem menschlichen Gerede.

Der Hoffende ist voll Freude auf die Zeit, wo er einstimmen kann in den Jubel der Engel und den himmlischen Lobgesang.

Und diese Vorfreude prägt schon sein irdisches Leben, so wie die Weihnachtsfreude schon die Adventszeit mit ihrem Glanz erleuchtet.

III. Versuchung und Verheißung mitten in der Kirche

Die Auseinandersetzung zwischen Glaube und Ideologie findet nicht nur in der Welt statt, sondern auch mitten in den Kirchen, Gemeinschaften und Freikirchen. Als Glaubende haben wir nicht ohne weiteres die feste Bastion, in der wir unbesorgt Halt finden. Wir müssen vielmehr mit den Versuchungen auch mitten in den Kirchen rechnen. Es sträubt sich vieles in uns, diese Tatsache zur Kenntnis zu nehmen. Immer wieder führt das schmerzliche Erkennen dieser Situation Menschen dazu, daß sie in bitterer Enttäuschung ihrer Kirche den Rücken kehren und den Glauben über Bord werfen.

Aber wir glauben ja nicht an Menschen und Institutionen, und es ist uns nicht eine stets fehlerfreie und lupenreine Kirche verheißen; an aller Schwäche und Sünde von uns Menschen hat sie teil, und ihren großen Auftrag erfüllt sie nur in solcher Gebrochenheit. Trotzdem ist ihr dieser Auftrag von ihrem Herrn gegeben, und wir sind in sie hineingestellt. Das erfordert, daß wir mitdenken und mithandeln, uns liebend engagieren und wachsam für sie eintreten. Wenn Martin Luther sagen konnte: »Sie ist mir lieb, die werte Magd«, und das von der (katholischen) Kirche seiner Zeit, an der und um die er so gelitten hat, dann dürfen auch wir unsere Kirche nicht loslassen. Ihre Fehler und Entstellungen sollen uns vielmehr auf den Plan rufen, zusammen mit Gleichgesinnten an Klärungen zu arbeiten und um evangeliumsgemäße Wege zu ringen. Dabei ist es von entscheidender Bedeutung, in welcher Form die Auseinandersetzung geführt wird. Pharisäerhafte Überheblichkeit und Ausgrenzung Andersdenkender ist kein geistliches Verhalten, und noch weniger deren Herabsetzung und Diffamierung. Gesprächsbereitschaft allein genügt allerdings auch nicht, denn im endlosen Dialog werden Probleme oft kaputtgeredet oder in Watte gepackt, und die sachliche Klärung tritt auf der Stelle. Auch mit Nichtachtung und Totschweigen der anderen Position geht es nicht. Vielmehr muß aufeinander gehört und miteinander gesprochen werden, mündlich und schriftlich. Es muß erlaubt sein, einander kräftig die Meinung zu sagen, einander zur Mitte des Evangeliums zu rufen, miteinander und umeinander zu ringen. In sachlicher, vielleicht sogar scharfer Auseinandersetzung persönlich fair zu bleiben und den gemeinsamen Grund sichtbar zu machen – wäre das nicht der Stil von Christen? Der Stil, der ihrer Hoffnung entspricht und der Verheißung, die über der Kirche Jesu Christi steht? Arbeiten wir daran, ihn zu gewinnen!

1. Feministischer Machtkampf – Mut zum Dienst

a) Theologinnen und Pfarramt

Mit der Zulassung von Frauen zu den Universitäten kamen auch *Frauen zum Studium der Theologie.* Zunächst waren es nur einzelne. Das Berufsbild des Pfarrers war männlich geprägt und man konnte sich nicht vorstellen, was studierte Theologinnen tun sollten. Schon in den 20er-Jahren wurden es allmählich mehr. Professoren und Studenten entdeckten, daß diese Frauen durchaus in der Lage waren, die schwierigen alten Sprachen zu lernen, philosophische und systematische Gedankengänge mitzugehen, Fragen des Bibelverständnisses zu klären, historische Zusammenhänge zu erfassen und auch die Überlegungen der praktischen Theologie, also der Hinführung zum Pfarramt, mitzumachen.

Für den praktischen Einsatz dieser Theologinnen erschlossen sich in diesen Jahrzehnten Arbeitsfelder, die neu auf die Kirche zukamen. Durch die Trennung zwischen Staat und Kirche war der Religionsunterricht nicht mehr gewährleistet, zumindest in den höheren Schulen; so griffen die Mädchenschulen gern zu der Volltheologin oder der als Studienrätin noch mit anderen Fächern an der Schule tätigen »Schmalspur-Theologin«. Die aufblühende Jugendarbeit brauchte Mitarbeiterinnen: Der Stand der Gemeindehelferin wuchs sehr schnell und rief für seine Ausbildungsstätten und für die Weiterbildung nach den Theologinnen. Die »Frauenarbeit« der Kirche nahm an Gewicht zu, und für die Zurüstung ihrer Leiterinnen war die Theologin genau das, was man brauchte.

So bildete sich die Vorstellung heraus, daß die Theologin für bestimmte *Sonderämter* und gezielte Arbeit an Frauen die Person sei, die ideale Voraussetzungen mitbringt. Zur Seelsorge an Frauen erkannte man sie als besonders geeignet und rief sie in die Arbeit an Krankenhäusern und Gefängnissen. In Verbindung mit Diakonissenhäusern und Einrichtungen der Inneren Mission wuchsen ihr die Arbeitsfelder im diakonischen Bereich zu, besonders da, wo die enge Verbindung des helfenden Handelns mit dem verkündigten Wort deutlich werden sollte.

Im 2. Weltkrieg wurden auch die Theologiestudenten und Pfarrer zum Militärdienst eingezogen. Viele Pfarrstellen waren verwaist. So rief man vermehrt nach den Theologinnen und setzte sie zur Verwaltung von Gemeinde-Pfarrstellen ein. Viele haben sich in diesen Auftrag ganz hineingegeben und einen guten Dienst getan. Als die Männer zurückkehrten und eine neue Studentengeneration nachrückte, gingen die Frauen teilweise erneut in Sonderämter zurück. Einzelne blieben im Gemeindepfarramt, in dem sie sich bewährt hatten. Sie hießen aber immer noch »Vikarin«. Die Frage stellte sich, wodurch sie sich eigentlich von den Pfarrern (Pastoren) noch unterschieden, und ob nicht auch Frauen zum Pfarrdienst ordiniert werden könnten.

Der Kampf um die volle *Frauenordination* zog sich lange hin. Die Befürworter wiesen auf andere Kirchen, vor allem in England und Amerika, wo schon länger Frauen in geistlicher Leitung und Mission tätig seien (z.B. Heilsarmee), außerdem auf Galater 3,28, wo die Gegensätze der Geschlechter durch die Taufe als aufgehoben bezeichnet werden. Die Gegner hielten dem das Paulus-Wort 1. Korinther 14,34 entgegen: »Lasset die Frauen schweigen in der Gemeinde« oder gaben zu bedenken, daß die hoffnungsvolle Annäherung zur katholischen Kirche durch solche Schritte gefährdet würde.

Inzwischen hat sich die Ordination von Frauen in so gut wie allen deutschen Landeskirchen durchgesetzt. Viele dieser Frauen machen gute, treue Arbeit. Viele sind aber durch die Schärfe der erlebten Kämpfe, teilweise auch durch Kränkungen, die sie von Männern erfahren mußten, auf einen aggressiv feministischen Weg geraten und zu Vorkämpferinnen der inzwischen aus Amerika eingeflossenen »Feministischen Theologie« geworden. Ihr Vorbild und die Verhältnisse an den Universitäten drohen auch die nachwachsende Theologinnen-Generation in diese Richtung zu treiben.

Die ersten Theologinnen waren *ledige Frauen*, die sich in den übernommenen Dienst voll hineingaben. Es wäre für sie unvorstellbar gewesen, daneben für einen Mann und Kinder sorgen zu können. Nicht wenige der früheren Theologie-Studentinnen haben geheiratet und sind durch diesen Schritt aus dem vollberuflichen Dienst ausgeschieden bzw. gar nicht erst hineingegangen – und zwar nicht, weil »Kirchenobere« es so verlangt hätten (wie man heute mutmaßt), sondern weil es für ihr eigenes Empfinden hier nur ein Entweder-Oder gab. Daß viele Theologinnen dieser Generationen im ehrenamtlichen Dienst so manche Lebensäußerungen ihrer Kirchen gestützt und getragen, ja sogar geprägt haben, ist wahrscheinlich zu wenig bekannt.

Die Nachkriegsgeneration lernte bald anders zu denken. Mit dem allgemeinen Anwachsen der Berufstätigkeit von Ehefrauen und Müttern zog auch die Vorstellung von der *verheirateten Pfarrerin* in die Kirche ein. Dem kam entgegen, daß zeitweise der Nachwuchs an männlichen Theologen sehr knapp wurde und man die Pfarrstellen nicht mehr alle besetzen konnte. Andererseits ging in der selben Zeit die Kinderzahl sehr zurück durch den sogenannten »Pillen knick«, der auch vor christlichen Familien nicht Halt machte. Heute ist es fast zur Regel geworden, daß auch die Pastorin verheiratet ist und Kinder hat. Dadurch ist allerdings ihr voller Einsatz und ihre ständige Verfügbarkeit für das Amt in Frage gestellt. Denn auch Kinder fordern die volle Zuwendung gerade der Mutter, die als Christ diesen schöpfungsgemäßen Auftrag ernst nimmt. So gerät die Pfarrerin zwangsläufig in den Widerstreit der Pflichten. Entweder reibt sie sich daran kaputt, oder sie muß ihr Amt zu einer Art Job machen, den sie mit halbem Herzen ausfüllt. Wer vom Auftrag der Verkündigung des Evangeliums sehr hoch denkt und die Ordination der Amtsträger als eine volle Beschlagnahmung auf Lebenszeit im Dienst Jesu Christi versteht, der kann diese Entwicklung nur mit Sorge sehen.

Neuerdings gibt es junge Theologen wieder in größerer Zahl. Manche Kirchen reden sogar von einer »Pastorenschwemme«. Arbeit wäre gewiß genug da, aber bei dem festgeschriebenen Gehaltssystem kommt man in finanzielle Engpässe und meint, nicht mehr alle voll anstellen zu können. Unter den jungen Theologen ist ein erheblicher Prozentsatz von Frauen. Für Ehepaare, wo beide Pastoren sind, haben die Kirchenleitungen das *Job-sharing im Pfarrhaus* entwickelt: Die beiden sollen sich eine Pfarrstelle je zur Hälfte teilen. Die Erfahrungen mit diesem Modell müssen erst noch gesammelt werden.

Ältere Pfarrfrauen fragen sich nun verwundert, ob vielleicht ihre eigene Auffassung von der selbstverständlichen Mitarbeit der Frau auf allen nur erdenklichen Arbeitsgebieten in der Gemeinde nach einer Zeit der Verweigerung und der Auswanderung von Pfarrfrauen ins Private jetzt auf andere Weise wiederkehrt? Aber soll das Motiv für den Dienst etwa die Bezahlung sein? Oder die Anerkennung?

Zum Dienst in der Gemeinde Jesu gehört immer Mut und Glaubensüberzeugung. Die können allerdings in verschiedenen Formen gelebt werden. Die Verkündigung des Evangeliums wirft uns ganz auf den Auftraggeber und heißt uns wegsehen von uns selber.

b) Kirchenvorstände, Synoden und Kirchenleitungen

Die Gemeinde Jesu Christi lebt von der Mitarbeit ihrer Glieder in verschiedensten Funktionen. In den letzten zwanzig Jahren hat sich in unseren volkskirchlichen Verhältnissen ein Drang zur offiziellen und bezahlten In-Dienst-Stellung durchgesetzt mit der dazugehörigen Entfaltung verschiedenster Ausbildungsgänge und -abschlüsse. Dadurch ist das *Ehrenamt* ins Abseits geraten, wie es das gewiß nicht verdient hat. Viele Frauen meinten feststellen zu müssen, daß sie in Ehrenämtern der untersten Stufe ausgenützt würden und bisher viel zu gutmütig bereit gewesen seien zum Kaffee-Einschenken, zur Festgestaltung, im Kindergottesdienst, bei Nachbarschaftshilfe und Botengängen und in ähnlichen *Funktionen.* Sie drängten hinein in die Kirchenvorstände und andere Gremien, um an den Entscheidungen teilzuhaben und zu erreichen, daß diese der Gemeindepraxis näher sind. Allerdings wird ihnen dort auch wieder viel ehrenamtlicher Einsatz an Zeit und Kraft zugemutet, wie sie es sich vorher vielleicht nicht vorgestellt hatten. Es ist nicht leicht, aber zeitraubend, sich in Bau-, Finanz- und ähnlichen Fragen sachkundig zu machen. Anstehende Personalfragen erfordern Diskretion und Menschenkenntnis. Und wo die Prioritäten in der Gemeindearbeit liegen sollen – das läßt sich nicht mit einseitiger Parteilichkeit entscheiden; hier sind Überblick und menschliche Reife gefragt.

Kirchenvorstand und Pastor stehen einander gegenüber. In lutherischen Gemeinden hatte das Pfarramt früher eindeutig den Vorrang. In reformierten Gemeinden bestand schon immer ein stärkeres Schwergewicht des *Presbyteriums.* Heute neigt man überall dazu, den Laien stärker die Führung zu übergeben und den Pfarrer als den theologischen Berater zu verstehen, dem sie in Sachfragen folgen können oder auch nicht. Im Extremfall wird der Pastor zum Angestellten seiner Kirchenältesten, der sich ihrem Willen unterordnen und ihre Beschlüsse ausführen muß.

Wo bleibt da die Freiheit und *Vollmacht des geistlichen Amtes*?

Luther sprach vom »Priestertum aller Gläubigen«. Das steht und fällt aber damit, daß *alle* auf den Herrn schauen und von ihm sich bestimmen und prägen lassen. Geltungsbedürfnis darf hier nicht die Führung haben! Wo das in uns Menschen laut wird, müssen wir ihm widerstehen. Es geht um die Sache Jesu Christi!

Aus den Kirchenvorständen werden die *Synoden* der Kirchen gebildet. Auch dorthin ist ein erhebliches Drängen der Frauen zu spüren. Leider sind unsere Synoden nach dem Muster der weltlichen

Parlamente viel zu sehr zum Tummelplatz der *Gruppeninteressen* in der Kirche geworden. Echte »Fraktionen« gibt es meist nicht – dann könnte man noch klar erkennen, mit wem man es zu tun hat. Stattdessen geht die Meinungs- und Willensbildung meist hinter den Kulissen und im Halbdunkel vor sich. So bestimmen Interessengruppen ihren Kurs vorweg und versuchen, ihre Leute auf diese Meinung zu verpflichten und möglichst viele der indifferenten und mittleren Gruppen für ihre Überzeugung zu gewinnen. Hier ist dann auch für überzeugte Feministinnen ein Feld, das sie mit Eifer beakkern, wo sie etwa immer wieder versuchen, alle Frauen in einer Synode auf bestimmte Programmpunkte festzulegen.

Dabei geht es dann schlicht um Mehrheits- und Machtfragen. Frauen scheuen sich nicht, hier einen handfesten Machtkampf zu führen. Es sind die selben Frauen, die vorher beklagt haben, daß sie unter der Macht der Männer immer die Unterdrückten seien und nichts zu sagen hätten, die selben Frauen, die solch ein Verhalten der Männer so hart verurteilen. Und bei der *weiblichen »Machtergreifung«* geht es dann keineswegs so sanft und freundlich zu, wie es nach weiblichem Selbstverständnis als Gabe an die durch Männer so hart gewordene Welt zugehen sollte. Wenn ein kirchenleitendes Gremium zur Hälfte mit Frauen besetzt ist, die gewillt sind, ihre Interessen durchzusetzen, dann ist die Kirche in Gefahr. Gezielt wird heute darauf hingearbeitet, feministische Frauen zu Bischöfen zu machen.

Was heißt in dieser Lage »Mut zum Dienst«? Vielleicht, daß andere Frauen, die den Feminismus nicht mitmachen, sich lauter zu Wort melden, in die Kirchenvorstände und Synoden hineingehen und zusammen mit besonnenen Männern sich dieser Überflutung entgegenstellen. Vielleicht auch, daß wir den Männern den Rücken stärken müssen, nicht aus lauter Höflichkeit diesen Feministinnen in den Sattel zu verhelfen. In der Kirche geht es um die Sache Jesu Christi und um das ewige Heil für alle, für Männer und Frauen, und für alle Völker. Diese »Sache Jesu Christi« ist aber keine Sache der Macht, sondern des *Dienstes in Vollmacht.*

c) Kirchliche Werke und Institutionen

Die Feministische Theologie hat ihre stärksten Hochburgen in den Zentralen der *Frauenwerke einiger Landeskirchen.* Wenn dort Theologinnen die Leitung haben, die von dieser Theologie überzeugt sind, können sie die ganze Arbeit so ausrichten. Man kann es an den Arbeitshilfen und Mitteilungsblättern solcher Stellen ablesen, welche Schlüsselrolle die Feministische Theologie spielt. Die Arbeitsthemen weisen es aus, und ebenso der Arbeitsstil auf ihren Tagungen, Seminaren und Sitzungen. Das mitarbeitende Team solcher Landesstellen wird von dieser theologischen Richtung beherrscht und geprägt, da erfahrungsgemäß Leute, die anders denken, sich dort nicht halten können bzw. gar nicht erst hingehen.

Von diesen Landesstellen geht ein stark prägender Einfluß in die Kirchenkreise und Gemeinden hinein. Die Leiterin eines gemeindlichen Frauenkreises gerät in den Konflikt zwischen ihrem Gemeindepastor und dem Frauenwerk und ist allemal eher geneigt, den Weisungen des Frauenwerks zu folgen, weil sie von dort Arbeitsmaterial bezieht und zu Fortbildungstagungen eingeladen wird.

Zusammen mit verschiedenen evangelischen Frauenverbänden bilden die landeskirchlichen Frauenwerke die »Frauenarbeit in der Ev. Kirche in Deutschland« (EFD). Dieser Dachverband betont stets, daß er für seine Mitgliedsverbände keine Weisungsbefugnis habe. Aber die geistige Prägung geschieht von hier aus doch in starkem Maße, vor allem auf den jährlichen Arbeitstagungen, und sie geschieht weithin im feministischen Sinn.

Gerade hier müssen wir Frauen es lernen, nicht alles mitzumachen, was die meisten sagen und was die Leitung offensichtlich will. Wir müssen es lernen, in Ruhe und Bestimmtheit unsere Meinung zu sagen, auch wenn wir ein kleines Häuflein sind oder sogar ganz allein damit dastehen. Gewiß, es tut weh, sich quer stellen zu müssen, doppelt weh, wenn ein menschlich-freundliches Klima herrscht und man dieses doch nicht stören möchte.

Gerade wir Frauen sind auf dem Feld der Gefühle wohl empfindsamer als die meisten Männer. Aber wir machen uns einer Unterlassung schuldig, wenn wir den eingeschlagenen Kurs für falsch halten und das nicht sagen. Wir müssen es ständig anmahnen, daß die biblische Fülle nicht verkürzt und verbogen werden darf, weil sonst die Frauen irregeleitet werden. Wir müssen darauf hinweisen, daß ein umfassender kirchlicher Arbeitszweig sich nicht einer so einseitigen geistigen Richtung verschreiben darf, sondern für die ganze Breite der Frauen in den Gemeinden da sein und ihnen mit dem Evangelium dienen soll.

Ähnlich steht es mit den *Evangelischen Akademien*. Sie sind nach dem 2. Weltkrieg entstanden als eine Plattform zum Gespräch der Kirchen mit breiten Bevölkerungskreisen, auch mit entkirchlichten und entchristlichten Gruppen. Immer wieder mußte darum gerungen werden, daß die Stimme des Evangeliums und die grundlegende kirchliche Trägerschaft deutlich bleibe. Die Akademien haben sich in den letzten 10 Jahren zunehmend auch der Feministischen Theologie geöffnet und Tagungen angeboten, die ihre Gedanken weiterzuspinnen und gerade in unkirchliche Kreise hinein weiterzugeben sich bemühen. Leider fehlen aber bisher fast völlig solche Tagungen, die sich kritisch damit auseinandersetzen – merkwürdig bei dem sonst so kritischen Geist dieser Einrichtungen!

Einige *Ausbildungsstätten* kirchlicher Mitarbeiter haben sich der Feministischen Theologie voll geöffnet. Die dort lernenden jungen Menschen sind dem dann ausgeliefert und wissen es nicht anders.

Bei den *Theologischen Fakultäten* muß man damit rechnen, daß es überall einzelne Dozenten oder Assistenten gibt, die es für ihre Aufgabe halten, über den Feminismus zu informieren. Ebenso gibt es an jeder Universität feministische Gruppen unter den Studentinnen und Studenten. Dort kann man sich dem aber eher entziehen, weil doch eine gewisse akademische Freiheit besteht.

Die Feministische Theologie hat es von Anfang an verstanden, in die Öffentlichkeit hinein zu sprechen. Zuerst waren es einige wenige Autorinnen, die ihre Schriften herausbrachten. Inzwischen ist es zu einer wahren *Flut von Büchern* gekommen, an der sich mehrere Verlage beteiligen und die kaum noch zu überblicken ist. Seit einigen Jahren wird von den Feministinnen selber ein Auseinanderdriften ihrer Bewegung in verschiedene Flügel beklagt. Neuerdings melden sich auch kritische Stimmen zu Wort, die extreme Entwicklungen als solche deutlich benennen und die Grundlagen der ganzen Bewegung kritisch hinterfragen. Zunächst geschieht das allerdings noch auf einer akademischen Ebene.

Die publikumswirksamen *Massenmedien* sind noch dabei, die Feministische Theologie als interessante Neuheit vorzustellen und zu empfehlen. Das Fernsehen ist ja angewiesen auf das Sichtbare und hat seine Schlagseite in Richtung auf das Sensationelle. Oft können Reporter es nicht bei der Information belassen, sondern meinen, durch ihren Kommentar es unterstreichen zu müssen. Wissen sie genug, daß sie damit kräftig Meinungsbildung betreiben? Und vor allem: Wissen sie um die Verantwortung? Geht es ihnen um den Glauben, wie sie vorgeben?

d) Ökumenische Verbindungen

Nach dem 2. Weltkrieg war es bewegend für uns Deutsche, wie Christen aus den bisher feindlichen Ländern, vor allem aus Amerika, uns die Hand reichten. Sie besuchten uns und organisierten Hilfsprogramme für Nahrung und Kleidung, die in der bitteren Not der Nachkriegszeit zum Überleben halfen und neue Hoffnung anzündeten. Sie luden Deutsche in ihre Länder ein, und es waren gerade auch Frauen, die erste Schritte wagten.

So lernten Deutsche den *Frauen-Weltgebetstag* kennen, ließen sich mit Freuden hineinnehmen in eine solche weltweite Gemeinschaft, und Jahr für Jahr feierten mehr Gemeinden diesen Gebetstag mit. Inzwischen ist das eine feste Einrichtung, die keiner mehr missen möchte.

In aller Freude darüber haben aber viele nicht wahrgenommen, wie der feministische Geist sich dieser Sache immer mehr bemächtigt hat. Jedes Jahr kommt das Liturgie-Formular aus einem anderen Land. Aber jedes Jahr wird uns in Eintönigkeit erzählt, wie unterdrückt die armen Frauen dort seien. Das wird so auffallend, daß sich ein Vergleich mit der jeweiligen Originalfassung empfiehlt. Denn bei der Übersetzung der in Englisch vorliegenden Liturgie und der Aufarbeitung für den Gebrauch im deutschsprachigen Raum geschehen wichtige Weichenstellungen. Über die Frauenwerke der Kirchen wird eine Fülle von Vorbereitungsmaterial verbreitet, das befreiungstheologisches und feministisches Gedankengut in die Vorbereitungsgruppen und -tagungen für Leiterinnen hineingibt und damit den gegebenen Text für sie in diesem Sinn interpretiert. Im Liturgieformular wird die Ansprache über einen biblischen Text von Jahr zu Jahr unwichtiger, dafür verschiedenste andere Aktivitäten umso wichtiger. Im Extremfall kann aus dem Beten ein Happening oder eine Demonstration werden.

Alle, die betende Christen sind, sind gerufen, das nicht zuzulassen. Es wäre ein Jammer, wenn uns der Weltgebetstag unter den Händen verkommen würde!

Die *ökumenische Bewegung* ist einer der hoffnungsvollen Neu-Aufbrüche der Christenheit in unserem Jahrhundert. In Deutschland gehen Evangelische Kirchen, Freikirchen und Katholiken in erfreulicher und erstaunlicher Weise aufeinander zu, wie man es sich noch vor ein paar Jahrzehnten nicht hätte vorstellen können. Gerade der Weltgebetstag der Frauen gibt hier Jahr für Jahr deutliche Impulse. Nur darf man sich auch keinen Illusionen hingeben, daß jahrhundertelange Gräben in wenigen Jahren völlig zugeschüttet sein könnten. Man muß gewiß mit Geduld und Bereitschaft aufeinander zugehen und über die trennenden Probleme offen sprechen und miteinander um das rechte Verständnis der Bibel ringen.

Die weltweiten Beziehungen der verschiedenen Kirchen werden vom *Ökumenischen Rat in Genf* wahrgenommen. Leider müssen wir feststellen, daß die Unterwanderung der dortigen Arbeit durch befreiungstheologische und marxistische Gedanken seit Jahren stark ist und auch der Feminismus sich dort kräftig eingenistet hat. Man stellt sich zunehmend nicht mehr den zwischen den Kirchen strittigen theologischen Fragen und macht sich stattdessen zu gemeinsamen Aktionen stark. Diese Aktionen haben zunächst einen humanitären Charakter und beginnen als karitative Hilfsprogramme. Sie haben aber die Tendenz, über ein »gesellschaftsdiakonisches« Wirken schnell zur politischen Aktion zu werden. Das liegt auch auf der Linie des Feminismus und der Feministischen Theologie. So sind Frauen bei der Genfer Arbeit in leitenden Positionen tätig, und nicht wenige der ökumenischen Hilfsprogramme sind der Förderung und Befreiung von Frauen zugewandt. Auf den großen *Ökumenischen Vollversammlungen* spielen die Frauen von Mal zu Mal eine größere Rolle. Sie bestimmen nicht nur das ganze Programm mit, sondern haben außerdem ihre eigenen Programmpunkte. Sie sind weithin ohne theologische Skrupel und Bedenken, auch gegenüber deutlich heidnischen Elementen (Totempfahl der Indianer) und Formen des Feierns (kultische Tänze).

Gerade auf solchen Tagungen lernen Frauen aus verschiedenen Ländern, Erdteilen und Kulturen einander kennen und verbünden sich sehr direkt in Freundschaften. So entsteht eine Art *Netzwerk* über die ganze Welt. Und über dieses Netzwerk werden feministische Gedanken hin und her transportiert, überall bekanntgemacht und begeistert aufgenommen. In den jungen Kirchen der 3. Welt werden solche neuen Gedanken gern gehört und gefeiert. Man wittert natürlich gerade dort Freiheitsluft, wo Frauen unter alten kulturellen Lasten leiden (Brautkauf, Kastenwesen, Analphabetentum). Nur – ob ihnen damit geholfen ist, wenn sie durch revolutionäre Ideen sich zu vorschnellen Schritten und gewaltsamem Vorgehen hinreißen lassen, das bleibt eine bedrängende Frage. Wenn die Entwicklung in diesen Ländern langsamer gehen dürfte, würde sie organischer wachsen, und die Impulse aus christlichem Glauben könnten deutlicher mitgestalten.

2. Sexuelle Freiheit – Mut zu Ehe und Familie

Die »sexuelle Revolution« hat auch vor den Kirchen nicht haltgemacht, sondern Christen in einem Maß in ihren Bann gezogen, wie man es sich vor einigen Jahrzehnten noch nicht hätte vorstellen können. Die Kirche als »Hüterin von Sitte und Moral« – das war einmal. Heute stehen Christen eher vor einem wirren Scherbenhaufen früherer ethischer Ordnungen und müssen sich mühsam neue Leitlinien suchen. An einigen besonderen Brennpunkten wollen wir versuchen, sie aus der Bibel zu gewinnen.

a) Sexualität und Ehe

Die Bibel sagt *Ja zur Körperlichkeit.* Es ist nicht wahr, daß die Bibel leibfeindlich sei, auch wenn es immer wieder so behauptet wird. Leibfeindliche Züge sind durch das Einströmen griechisch-platonischer Philosophie in die christliche Theologie gekommen und haben sich in der frühen Kirche und im Mittelalter teilweise verfestigt. Im Mönchtum und Zölibat der Priester steckt eine gewisse Höherwertung des ehelosen Lebens. Die Reformation brachte eine nötige Korrektur mit ihrer neuen Hochschätzung von Ehe und Familie. – Klar ist, daß der Schöpfer seine Schöpfung liebt, daß er die Geschlechtlichkeit geschaffen hat und ihr in der Ehe einen Lebens- und Gestaltungsraum gibt. Deshalb können christliche Frauen auch fröhlich ihr *Ja zum Frau-Sein* sagen.

Mit der Aufgabe, das Leben zu tragen, zu hüten und zu pflegen, ist der Frau eine ganz besondere Gabe der Schöpfung anvertraut, die der Mann in dieser Weise nicht hat. Der Körper der Frau ist dafür gebildet und ausgerüstet. Freilich bringt die Zubereitung für diese Aufgabe schon Lasten und manchmal Schmerzen mit sich. So ist es für das junge Mädchen ein Wendepunkt ihres Lebens, wenn die erste Menstruation einsetzt, wenn sie weiß, daß sie nun zur Frau heranreift und sich dieser neuen Würde noch so gar nicht gewachsen fühlt. Mit diesem Zyklus zu leben, muß erst gelernt werden, und manches Mädchen bäumt sich innerlich dagegen auf und will sich die Leistungsfähigkeit der Jungen abtrotzen.

Schwangerschaft und Geburt sind Erlebnisse mit Schmerzen und Belastungen, mit einem hohen Einsatz an Kraft und gesundheitlichem Risiko. Das bleibt so trotz vieler Erfolge der Medizin: Es muß weiter auf diesem Feld gekämpft und gelitten und Tapferkeit bewährt werden. Aber der hohe Preis lohnt diesen Einsatz: das kleine Kind, das uns anvertraut, in unsere Hände gelegt wird.

Wohl kaum eine Frau, die mehrere Kinder hat, ist verschont worden von dem schweren Erlebnis einer Fehlgeburt oder Totgeburt, und es braucht eine ganze Zeit, bis ein solches Widerfahrnis körperlich und seelisch verarbeitet und überwunden ist.

Für viele Frauen bedeuten die Wechseljahre wieder einen tiefen Einschnitt. Aber ist die Umstellung erst gelungen, dann entfalten Frauen oft eine neue Aktivität, greifen neue Aufgaben an und können ihre Gesundheit für längere Zeit erstaunlich stabilisieren.

Ausgehend vom Ja zum Frausein haben feministische Frauen angefangen, sich mit ihrem Körper vertraut zu machen. Zunächst war es Entdeckerfreude und Suche nach einem fraulichen Selbstbewußtsein, nach einer weiblichen Identität. Ein Begleitmotiv der Gruppen, die sich an *Selbstuntersuchungen* machten, war das Mißtrauen gegen die herkömmliche Medizin. Die Frauenärzte, so sagte man, seien als Männer von vornherein darauf aus, die Frauen zu demütigen. Also wolle man ihnen nicht länger ausgeliefert sein, sondern sich selbst und untereinander helfen. Was dabei herauskommt, ist gewiß wichtig; andererseits aber braucht man bei ernsthaften Fragen natürlich den Arzt bzw. die Ärztin mit ihrer Ausbildung und ihren Möglichkeiten. Positiv entstanden aus dieser Wurzel vermehrte Angebote von natürlichen Heilverfahren, von Schwangerschafts-Gymnastik und von Stillgruppen, wo Mütter einander helfen und beraten. Es entstanden aber auch fragwürdige Gruppen zum Erlernen von Selbstbefriedigung und zur Gewöhnung an Pornographie. Wenn solche Dinge etwa in einer evangelischen Akademie laufen und in der Veröffentlichung darüber die Grenzen der Sitte und des guten Geschmacks überschritten werden, dann gerät die Freude an der Körperlichkeit aus dem Bereich des schöpfungsmäßig Geschenkten hinaus in die Zone tiefer Gefährlichkeit.

Unsere Zeit ist sehr stolz darauf, daß viele *Tabus durchbrochen* worden seien. Kinder und Heranwachsende sprechen unbefangen über die Entstehung des Lebens und bewegen sich frei untereinander. Christliche Eltern stoßen darauf, daß ihre Kinder schon »aufgeklärt« sind, ehe sie, die Eltern, sich selbst dieser Aufgabe unterziehen wollen, und daß man dem Sexualkunde-Unterricht in der Schule nicht entlaufen kann, auch wenn man es wollte. Aus den Massenmedien tönt es uns entgegen und wird täglich bildhaft vorgeführt, daß junge Menschen ein Recht auf sexuelle Betätigung hätten.

Überall haben wir die *freien Partnerschaften* vor uns, die schon fast zur Selbstverständlichkeit geworden sind. Die Kirchen haben den Kampf dagegen fast aufgegeben und freuen sich über jedes junge Paar, das nach längerer Zeit des Zusammenlebens dann doch noch die Ehe schließen und sich auch kirchlich trauen lassen will. Glücklicher sind die Menschen dadurch aber keineswegs geworden. Die Trennung nach solchen »Ehen auf Zeit« bringt oft ebensoviel Kummer wie eine Scheidung. Die jungen Frauen sind naturgemäß die am meisten Leidtragenden dabei: Sie leiden tiefer, weil die Frau mehr auf die menschliche Bindung angelegt ist. Und wenn sie abstumpft, dann hat sie ihr Bestes verloren. Merkwürdigerweise sind auch die nach längerer »Probezeit« geschlossenen Ehen keineswegs stabiler, im Gegenteil.

Es steht unter uns auf dem Prüfstand, was Ehe überhaupt ist.

Christen müssen es heute wieder deutlich sagen, daß die *Sexualität in die Ehe gehört.* Alles andere sind klägliche Versuche, die den Menschen kaputtmachen an Leib oder Seele, und oft an beidem. Mit dem Motto »Ich tue, was mir Spaß macht« kann man sein Leben nicht meistern, sondern man zerstört es. Wenn schon im Umgang mit dem Wald und den bedrohten Tierarten Verantwortung nötig ist – wieviel mehr dann unter uns Menschen gegenseitig. Weder die Ellbogen der Gewalt noch das Lustprinzip können Grundlage sein für unser Zusammenleben. Jeder reagiert entrüstet, wenn er hintergangen wird, und jeder sehnt sich insgeheim nach Treue und Verläßlichkeit.

Christen müssen es heute wieder deutlich sagen, daß es eine *wachsende Freude aneinander in der alternden Ehe* gibt. Gewiß kennt jede Ehe neben den schönen Zeiten auch Strecken mit Belastungen, Durststrecken und Krisenzeiten. Wer behauptet, so etwas nie erlebt zu haben, dem traue ich nicht ganz. Eine Ehe besteht nicht nur aus Flitterwochen, und heiße Leidenschaft besteht schwerlich über Jahre und Jahrzehnte. Aber sie wandelt sich und findet neue Formen. In den Belastungen lernt man einander neu kennen, und die Beziehung vertieft sich. In den Sorgen erfährt man, wie man sich auf den andern verlassen kann. In den Zeiten von Krankheit und Schwäche wird man gepflegt. Und Verfehlung und Schuld kann vergeben werden. Im Gespräch werden eigene Sichtweisen und Überzeugungen ständig überprüft, und es entsteht immer mehr Gemeinsames im Denken und Handeln.

Lassen wir uns doch nicht einreden, es sei fast unmöglich, jahrzehntelang zusammenzubleiben, auch wenn sogar Kirchenfrauen das behaupten! Freuen wir uns vielmehr jeden Tag aneinander und verstehen es als ein großes Geschenk unseres Herrn, wenn er uns miteinander alt werden läßt! Auch nach der goldenen Hochzeit gibt es immer noch Neues aneinander zu entdecken!

b) Kinder haben – oder nicht?

Wir haben in unserer Zeit merkwürdig auseinanderlaufende Einstellungen zu Kindern. Es gibt unter uns eine extreme *Kinderfeindlichkeit.* Sie wird oft beklagt, wenn es um Kindergärten, Schulen und Spielplätze geht, wenn Wohnungsvermieter möglichst kinderlose Mieter haben wollen und die Kinderreichen keine Wohnung finden können, wenn empfindliche Nachbarn sich gegen den Lärm spielender Kinder auflehnen.

Gewiß ist die moderne technische Welt für Kinder nicht leicht zu erobern, und frühere Generationen, die auf dem Bauernhof groß geworden sind, haben es leichter gehabt. Das Fehlen der natürlichen Umwelt mit Pflanzen und Tieren und der organisch wachsenden Herausforderung zur Mithilfe kann nur schwer ersetzt werden durch Autoausfahrten, Wanderungen, Tierpark-Besuche und Bastelkurse. Gewiß müssen politische Gremien immer wieder gemahnt werden, die Kinder nicht zu vergessen und etwas zu tun für ein gesundes Heranwachsen der kommenden Generation. Aber die eigentliche Kinderfeindlichkeit fängt früher an. Sie beginnt da, wo Menschen sich nur selbst durchsetzen, naiv oder raffiniert, aber ohne Rücksicht auf Schwächere. Sie geht da weiter, wo ein junges Paar meint, sich noch »kein Kind leisten« zu können. Gründe gibt es genug, die man dafür angeben kann: Ausbildung, Beruf und Karriere, fehlende Einrichtung, Auto oder Haus, Vergnügen und Urlaubsreisen usw. usw. Und schließlich gibt es nicht ganz wenige Paare, die sagen, sie wollten bewußt und für alle Zeiten kein Kind haben, aus Sorge um den desolaten Zustand unserer Welt, in die ein solches Kind hineinwachsen müßte. Dahinter steckt dann ein tiefer Pessimismus, dem der Lebensmut abhanden gekommen ist.

Seit den 60er Jahren ist es so viel leichter geworden mit der *Verhütung.* Wir kennen den berühmten »Pillenknick«, der die Zahl der Geburten drastisch zurückgehen ließ und sich in unseren Tagen in der Verminderung der Schüler und Jugendlichen niederschlägt. Schon steht die Sorge am Horizont, woher in Zukunft die Facharbeiter kommen sollen und wer nach der Jahrtausendwende die Renten für die prozentual angewachsenen älteren Jahrgänge aufbringen könnte. Wir können aber nicht mehr dahinter zurück, daß Verhütung leicht und selbstverständlich geworden ist. Im Weltmaßstab haben wir ein explosives Bevölkerungswachstum, das so nicht einfach weitergehen kann – dies alles stellt uns vor Fragen, die wir heute noch nicht beantworten können. Damit steht aber auch jedes Paar vor einer Verantwortung, die eigentlich zu groß ist. Familienplanung braucht Kriterien, Maßstäbe, nach denen sich verantwortliches Handeln richten kann – eine tiefe Anfrage an den Glauben!

Ganz sicher ist *Abtreibung* kein Mittel zur Geburtenregelung! Wenn Gott hat Leben entstehen lassen, dann ist es zu schützen und zu erhalten. Zur Hilfe für Mutter und Kind ist in erster Linie der Vater da. Aber bittere Erfahrungen zeigen, daß oft genug es gerade die Väter sind, die die jungen Frauen zur Abtreibung drängen, ja zwingen. Wenn dann keine Gegenkraft zur Hilfe und Ermutigung da ist, wenn dann, wie es leider oft geschieht, die Beratungsstelle allzu schnell einen »sozialen Notstand« konstatiert, dann ist der Druck auf die junge Mutter zu groß und sie geht den vermeintlich einfachsten Weg.

Wo sind die Eltern, Verwandten und Freunde, wo die Gemeinden und Gruppen, die solche jungen Frauen auffangen, zurückhalten und ihnen weiter begleitend beistehen?

Neben dieser Ablehnung von Kindern gibt es unter uns die Paare, die sich sehnlichst Kinder wünschen und alles daran setzen, sie trotz körperlicher Mängel auf irgendeine Weise zu bekommen. Es ist grotesk, aber es steht so hart nebeneinander: »Ein Kind um keinen Preis – ein Kind um jeden Preis!« Die Medizin hat heute Wege der *extrakorporalen Befruchtung,* durch die in bestimmten (lange nicht in allen!) Fällen doch noch eine Schwangerschaft erreicht werden kann. Allerdings muß die Mutter sich langen und quälenden Prozeduren unterziehen, ohne eine Garantie für einen »Erfolg« zu haben. – Durch diese Möglichkeit ist aber eine ganze Lawine von neuen Problemen losgetreten worden. Es sind jetzt »Samenbanken« und »Leihmütter« im Bereich des Möglichen, und im Reagenzglas entstehen »überzählige Embryonen«, die zur Vernichtung oder zu Forschungszwecken zur Verfügung stehen. Und schon steht am Horizont die hochgefährliche Möglichkeit der Gen-Technologie, die menschliches Erbgut verändern und manipulieren kann.

Wir stehen vor der ernsten Frage, ob der Wunsch nach einem Kind uns so weit treiben darf? Ist nicht der versagte Kinderwunsch auch von Gott? Er versagt uns manches in unserem Leben, und aus dem harten Verzicht hat er schon oft die größten Taten menschlicher Liebe und Zuwendung erwachsen lassen.

Der heutige Mensch muß es neu lernen, daß man *Kinder nicht »machen«* kann. Heutige Frauen müssen es neu lernen, daß Gott der ungebundenen Sexualität ihre Grenzen setzt, und daß wir Menschen uns selbst ruinieren, wo wir gegen den Willen des Schöpfers anrennen. Christen dürfen es mutig bekennen, was der Glaube immer gewußt hat: *Kinder sind ein Geschenk des Herrn.*

Wer das in seiner Geburtsanzeige deutlich macht, legt ein Bekenntnis ab gegenüber vielen fragwürdigen und frivolen Aussagen, die in den Zeitungen manchmal zu lesen sind.

Wer sich dazu bekennt, darf allerdings nicht solche Frauen verdammen, die in ihrer Bedrängnis anders gehandelt haben, sondern muß ihnen den Weg zum vergebenden Herrn zeigen und handfeste Hilfe zu leisten bereit sein.

Unsere Kinder aus Gottes Hand annehmen, das ist eine lebenslange Aufgabe. Denn auch erwachsene Kinder fordern uns noch, und Enkelkinder brauchen ihre Großeltern.

Sein Kind aus Gottes Hand annehmen, das erfährt seinen extremen Testfall, wo ein Kind behindert geboren wird und ein Leben lang Pflege braucht. Gerade da will die christliche Gemeinde mit ihren Einrichtungen der Diakonie helfend zur Seite stehen, und wir alle sollen diese Arbeit mittragen. Aber wo sind die Frauen, die sich hier engagieren? Krankenhäuser und Heime brauchen sie – wo bleiben sie?

c) Singles

Früher haben wir von der *alleinstehenden Frau* gesprochen. Es wird immer wieder darauf hingewiesen, daß nicht nur die Gesellschaft, sondern auch die Kirche sie zu wenig im Blick habe und nur an die Ehefrauen und Mütter denke. Dabei haben unverheiratete Frauen gerade in der Christenheit viel geleistet und Großartiges geschaffen. Eben weil sie einen vollen Einsatz leisten und sich ganz mit ihrer Aufgabe identifizieren konnten, haben sie ihre ganze mütterliche Liebesfähigkeit hineingelegt in die Pflege von Kindern und Kranken, in die Fürsorge für Gefährdete und Gefangene, in Missions- und Gemeindearbeit. Sich selbst mußten sie gewiß oft zurücknehmen und ihre einsamen Stunden durchstehen. Nicht alle hatten für die Bewältigung der Ehelosigkeit eine so enge und haltende Gemeinschaft wie die Diakonissen. Aber sie bekamen ein Stück Liebe zurück von denen, für die sie da waren. Und es war ihnen klar, daß sie die Ehen neben ihnen unbedingt respektieren und ihre eigenen Sehnsüchte in Zucht halten mußten.

Heute heißen die Alleinlebenden »Singles«, und man kann nicht mehr sicher sein, ob sie wirklich Alleinstehende sind. Sie heißen ja alle »Frau«. Was man bei erwachsenen Frauen ja versteht, da das »Fräulein« als Diminutiv von »Frau« tatsächlich unpassend erscheint. Aber wenn auch schon die ganz jungen Mädchen die Anrede »Fräulein« als diskriminierend empfinden, fragt man sich: warum eigentlich?

Inzwischen ist eine völlig unklare Situation entstanden. Viele nehmen es einer als »Single« lebenden Frau nicht mehr ab, daß sie keine sexuellen Beziehungen hat, weil sie selbst es rein für unmöglich halten, ohne solche zu leben. So ist für Außenstehende der Stand der Singles eher ein Leben in der freien Wildbahn geworden, und christliche Frauen fragen sich, wie sie ein Leben unter Verzicht auf sexuelle Betätigung sichtbar und verständlich machen.

Unter den Singles sind ein großer Prozentsatz *Geschiedene,* also nicht solche Frauen, die auf eine eheliche Bindung verzichtet oder noch keine gefunden haben, sondern solche, die aus einer gescheiterten Ehe kommen. In dieser inneren Verfassung befinden sich auch alle jene, die aus den vielfachen freien Partnerschaften herausgefallen sind. Es ist ein Heer von Enttäuschten, das da unter uns lebt, von Menschen, die ihre Ideale verloren haben und resigniert oder verbittert ihren Weg suchen. Dies hindert allerdings nicht, immer wieder die Flucht nach vorn zu ergreifen und es mit einem neuen Partner zu versuchen. Nur kommen auf diese Weise zu der einen Enttäuschung leicht noch mehrere dazu, und die innere Bitterkeit und Isolation wächst noch weiter. Man hat den Eindruck, daß die feministischen Kreise sich aus dieser Menschengruppe immer neu rekrutieren. Denn der Haß auf die Männer, der dort artikuliert wird, läßt sich nur von tiefen persönlichen seelischen Verletzungen her erklären.

Geschiedene Frauen sind in einer anderen Lage als verwitwete. Eine *Witwe* geht mit ihrem Verlust anders um, weil positive Erinnerungen wohl wehtun, aber auch Frieden schaffen und Einverständnis herstellen und damit den Weg freimachen zu neuem Lebensmut. Der Stachel des Zerbruchs und des Scheiterns bleibt dagegen scharf, besonders wenn etwa der Ehepartner eine neue Bindung eingegangen und damit glücklich geworden ist. Witwen sind in der Regel auch älter, während es viele sehr junge Geschiedene gibt.

Aus den geschiedenen Ehen gibt es eine große Zahl von Kindern, die mit nur einem Elternteil aufwachsen. Dies kann gewiß auch der Vater sein und ist es in manchen Fällen. Meist ist es natürlicherweise die Mutter, vor allem, wenn es sich um kleinere Kinder handelt. Wir sprechen dann von den sogenannten *Alleinerziehenden.*

Es ist gar keine Frage, daß solche Frauen es schwer haben. Sie müssen in der Regel berufstätig sein und ihre Kinder viel sich selber oder anderen Pflegemüttern überlassen. Zu der Not der Scheidung kommt die des schlechten Gewissens gegenüber den Kindern, denen man als berufstätige Frau mit dem besten Willen nicht Vater und Mutter zugleich sein kann.

Vielerorts sind in den letzten Jahren Gruppen entstanden, in denen solche Alleinerziehende einander gegenseitig helfen, und die Kirchen haben in den größeren Städten Menschen zur Hilfe und Beratung für sie freigestellt. Es bleibt aber zu fragen, ob solche Hilfen nicht allzu oft in juristischer Beratung oder in Forderungen an Kirche und Staat stecken bleiben und die seelische Not liegenlassen.

Daß Kinder gesund aufwachsen und tüchtige Menschen werden, ist bei all diesen Belastungen gewiß schwer, aber nie unmöglich. Gott kann in alle Art Lasten unseres Lebens seinen geheimen Segen hineinlegen. Immer aber werden solche Kinder angewiesen sein auf Großeltern und Paten, Verwandte und Freunde, Lehrer und Leitbilder. Wo solche Aufgaben auf uns zukommen, dürfen wir uns ihnen nicht entziehen.

d) Lesbische Liebe

Was sich unter diesem Begriff verbirgt, ist ein besonders trübes Kapitel des Feminismus. Leider sind die Kirchen und Gemeinden auch davon nicht frei geblieben, obwohl die Haltung der Bibel zu Homosexualität und Lesbentum eindeutig ist. Auf dem Untergrund des Kampfes gegen den Mann und der Zuwendung zu Frauengruppen wächst auch da und dort bei feministischen Theologinnen die Neigung zu dieser Form von Sexualität. Sie ist eine Art *Verweigerung* gegenüber dem Mann, Verweigerung von Mutterschaft und Kind, Verweigerung gegen das Leben, so wie der Schöpfer es gewollt hat. Manchmal erwächst sie einfach aus einer zärtlich-erotischen Freundschaft. Bei einigen Frauen gehört sie aber zu einer aggressiv-revolutionären und sehr bewußten Bekämpfung alles bisher Bestehenden und dem Willen zur völligen Veränderung der Gesellschaftsordnung.

Auch in den Kirchen folgt man keineswegs mehr nur schlicht der biblischen Beurteilung solchen Verhaltens, sondern nimmt die Erklärungsversuche auf, die überall angeboten werden. Da wird die gleichgeschlechtliche Sexualität einmal als *Krankheit* verstanden, als Abweichung von der Norm, für den Einzelnen ein Verhängnis, so daß er gar nicht anders kann.

Die Psychologen haben darauf aufmerksam gemacht, daß jeder junge Mensch eine Phase der starken gleichgeschlechtlichen Freundschaften durchlaufe. Wenn er in dieser Phase zur sexuellen Intimität verführt werde, geschähe leicht eine *Fixierung* auf diese jugendliche Phase, aus der man dann nicht mehr herauskomme. Hier wird die Rolle der *Verführung* ernst genommen. Und ohne Verführungskraft wäre es kaum möglich, daß diese Formen heute so vielfach vermehrt auftreten.

Anders als früher, wo solche Probleme im Verborgenen blieben, suchen die Homosexuellen – die Schwulen und Lesben – heute bewußt die Öffentlichkeit. Sie fordern die Anerkennung dieser ihrer Lebensform als eine *andere und ebenso berechtigte Form von Geschlechtlichkeit.* Sie wollen sich nicht mehr verstecken, sondern ergreifen die Flucht nach vorn, bekennen sich zu dieser Lebensweise, solidarisieren sich untereinander, brandmarken jedes Gegenargument als schlimme Intoleranz und rufen dadurch junge Menschen in der jeder Prägung offenen Pubertätsphase geradezu auf, es doch mal so zu probieren. Die neu aufgetauchte schreckliche Krankheit AIDS mag vielleicht einige Menschen davon abhalten. Aber die schon länger so leben, reagieren weithin mit stärkerer Verhärtung und Aggressionen.

Unter den feministischen Theologinnen gibt es neuerdings die sogenannte *»Theologie der Beziehung«*, die eine lesbische Lebensform vom Glauben her stützen und untermauern will. Hier wird gesagt, Gott sei nicht über uns, sondern neben uns als der Menschenfreund. Was Jesus tat und war, hätte er nur werden können in Beziehung zu Menschen, vor allem zu Frauen, denn die Frau sei das Geschöpf, das viel stärker in Beziehung lebt und denkt als der Mann. Jesus habe sich durch die Samariterin am Brunnen, die blutflüssige Frau, die Kanaanäerin und andere Frauen erst auf sein eigentliches Wesen besinnen und zu seiner Identität finden können. Ebenso sei »Beziehung« das wichtigste Element in unserem Glauben, aber eben nicht abhängiger Gehorsam gegenüber einem transzendenten Gott, sondern die selbst aufgebaute Berührung, das wechselseitige Geben und Nehmen, der Gott in dem Menschen neben uns und in uns selber.

Wenn der Glaube so aufgefaßt wird, kann er ja nichts mehr gegen eine lesbische Lebensform ins Feld führen. Und Vertreterinnen dieser Richtung bekennen sich auch offen als Christinnen, Feministinnen, Pfarrerinnen und Lesben (Carter Heyward, Und sie rührte sein Kleid an, Kreuz-Verlag 1986, S. 17).

Die Bibel stellt Homosexualität eindeutig als *Irrweg* dar, der im Zusammenhang mit verlorenem und verkehrtem Glauben steht und andere Verirrungen nach sich zieht (Röm. 1,28-32). Man kann wahrhaftig erschrecken, wenn man diesen Abschnitt liest und bedenkt, was um uns herum los ist.

Christen sollen von dieser grundsätzlichen Klarheit her aber nicht einfach um sich schlagen und Menschen aburteilen. Die in einer solchen Verirrung stecken, leiden erheblich unter sich selbst – nur so sind die teilweise skurrilen Ausbrüche zu erklären. Sensible Naturen unter ihnen sind ihr Leben lang hin- und hergerissen und unter anderem erheblich selbstmordgefährdet. Wir müssen wissen, daß unser Herr auch sie mit suchender Liebe sieht, und daß *auch solche Schuld vergeben werden kann.*

Wir können aber eine Propaganda für solche Lebensformen nicht stillschweigend hinnehmen. Alle Verantwortlichen in den Kirchen – vom Bischof bis zum einzelnen Gemeindeglied – tragen die Mitverantwortung dafür, daß auch auf diesem Gebiet der heilige und für den Menschen gute Wille Gottes unter uns Raum hat. Und wir müssen gewiß unsere Jugend davor schützen, in solche Kreise hineinzugeraten. Deshalb kann uns auch nicht gleichgültig sein, wie die staatliche Gesetzgebung damit umgeht, und wie der Staat zu seiner Aufgabe steht, Ehe und Familie zu schützen. Dabei geht es dann auch um alle anderen Bereiche mit: um Abtreibung, Kinderwunsch und Gen-Technologie, um Gewalttätigkeit und Scheidungsrecht, um freie Partnerschaften und Sexualkunde in den Schulen, um den Abbau der Scham und die verhängnisvolle Sexualisierung des öffentlichen Lebens, vor allem in den Medien.

3. Willkürliche Bibelauslegung – ehrfürchtiges Bibelstudium

a) Biblische Frauenbilder

Die Feministische Theologie brachte eine neue intensive Beschäftigung mit den Frauengestalten der Bibel. Das ist eine gute Sache. Wer seine Bibel intensiv liest, der ist gewiß schon früher auf sie gestoßen, sie sind ihm also vertraut. Aber im allgemeinen Bewußtsein der Gemeinden sind sie wohl noch zu wenig bekannt. Es lohnt sich, ihnen nachzugehen! Wenn man sich auf die Suche begibt, beginnt man zu staunen, *wie groß ihre Zahl ist* und welche Fülle verschiedener Lebensgestaltung sie verkörpern.

In den Erzväter-Geschichten spielen die Frauen eine wichtige Rolle: Sara und Hagar, Rebekka, Lea und Rahel. Beim Auszug aus Ägypten sind die hebräischen Hebammen und die Frauen um Mose (Mutter, Schwester Mirjam, Tochter des Pharao) von ausschlaggebender Bedeutung. In der Königszeit sind es manchmal die Frauen, die den Königen zur Versuchung werden und den Niedergang des Glaubens auf dem Gewissen haben (Isebel). Die Geschichte der Hanna, die ihr Kind von Gott erbat und ihm wiederschenkte, ist wie ein Vor-Bild dessen, was sich später bei der Begnadung der Mutter Jesu erfüllte. Wer liest nicht mit Freude die Geschichte der Ruth, und wer staunt nicht über die Verse des Hohenliedes, das die eheliche Liebe preist, oder das Lob der tüchtigen Hausfrau aus Sprüche 31! Im Neuen Testament begegnen wir den Frauen um Jesus, die sich an Kreuz und Grab treuer erwiesen als die Jünger und zu den ersten Osterboten wurden. In der Urgemeinde öffneten die Frauen ihre Häuser für Gemeindeversammlungen und beherbergten reisende Brüder. In den hellenistischen Städten waren es oft gerade die Frauen, die sich der Predigt des Apostels Paulus schneller zuwandten und zur Gemeindegründung halfen. Namen wie Tabea, Lydia, Phoebe und vor allem Priscilla zeigen dies, abgesehen von den vielen, deren Namen nicht ausdrücklich genannt werden. Wirklich, es lohnt sich, ihnen nachzugehen!

Nun bleiben die feministischen Theologinnen aber nicht bei einem liebevollen Nachzeichnen des in der Bibel Erzählten stehen. Sie lassen sich von dem verständlichen Wunsch, mehr über diese Frauen zu erfahren, hinreißen zur *Darstellung ganzer Lebensgeschichten.* Sie haben diese nicht einfach frei erfunden, sondern benutzen *Legenden,* die im Mittelalter im Umlauf waren. Im südfranzösischen Raum gab es einen ganzen Kranz solcher Legenden (Legenda aurea), die ihren Niederschlag auch in Bildern gefunden haben. Literarisch und kunstgeschichtlich sind diese Legenden hochinteressant. Aber man muß sie deutlich unterscheiden von dem, was in der Bibel berichtet wird. Hält man diese Unterscheidung nicht ein, so wird Martha zur Drachenbesiegerin, Maria aus Bethanien zur Prophetin und weisen Frau, Maria Magdalena einmal zur Geliebten Jesu und ein andermal zur Predigerin und Gemeindeleiterin. Auf solche Weise stellt die feministische Theologie den Frauen unserer Tage Lebensbilder biblischer Frauen vor Augen, die Erstaunen und Befremden hervorrufen.

Hier geschieht an vielen Stellen ein *Hineinlesen* in die biblischen Texte anstelle eines aufmerksamen Herauslesens. Gewiß, jeder von uns liest die Bibel von seinen Voraussetzungen des Verstehens her. Aber wo man so offensichtlich *gefärbte Brillen* benutzt, wird die Bibel vergewaltigt.

Man verstößt gegen die schlichtesten Regeln des Lesens von Textzeugnissen, die vorschreiben: Achte auf jedes Wort, auf die verschiedenen Personen, auf den unmittelbaren Zusammenhang, auf das Zeugnis der ganzen Schrift!

Statt dessen sind eigene Wunschvorstellungen, wie die heutige Frau sein soll und sein möchte, die Leitgedanken des Verstehens. Etwa von der Vorstellung der Emanzipation her werden Züge gesucht, wo sich biblische Frauen unkonventionell verhalten, und diesen Zügen ein revolutionäres Denken unterschoben. Aus den spärlichen Notizen darüber, daß neben den Jüngern auch Frauen mit Jesus gegangen seien (Luk. 8,1-3), wird das Vorhandensein einer »Frauengruppe um Jesus« konstruiert, die den Frauen Freiheit von der Ehe gegeben und sie in eine ganz neue Lebensform geführt habe. Als die »Leiterin« dieser Frauengruppe werden verschiedene genannt, meist aber Maria Magdalena, die Jesus am nächsten gestanden habe. Von dieser Frauengruppe um Jesus wird dann wieder abgeleitet, die Frauen seien die eigentlichen und besseren Jünger gewesen, sie hätten in der Urgemeinde die Leitung innegehabt und wären bis zur Abfassung der biblischen Schriften dann aber schon von den Männern verdrängt worden. Das habe sich die ganze Kirchengeschichte hindurch verhängnisvoll fortgesetzt. Unsere Zeit sei nun dazu berufen, den Schutt der Jahrhunderte wegzuräumen, zu den Quellen der christlichen Frauentradition vorzustoßen, um damit eine heutige neue Vorherrschaft der Frauen zu begründen.

Demgegenüber muß deutlich gesagt werden: So etwas kann man aus dem biblischen Text nicht herauslesen! Jesus hat sich gewiß den Frauen freundlich zugewandt wie auch den Männern und Kindern. Er wendet sich jedem Menschen zu, sieht seine Not und ist bereit zu helfen. Er will jeden Menschen zum Glauben führen und zu sich ziehen, gleich, ob Mann oder Frau. So werden auch die sozialen und die nationalen Unterschiede vor ihm gering (In Galater 3,28 hat der Apostel Paulus das klar zusammengefaßt: Als Getaufte sind sie eins in Christus, sie gehören zu ihm). Das verbietet uns Christen jegliche Diskriminierung von irgendwelchen Menschen und schenkt uns als Frauen die volle Gliedschaft in der Gemeinde. Wir brauchen uns nicht minderwertig zu fühlen – das sind wir nicht! Aber auch nicht umgekehrt etwas Besonderes über die Männer hinaus! Die Frauen der Bibel sind uns Schwestern. Sie sind Vorbild im Glauben, wie auch die Männer. Sie sind keine neuen Heiligen. Sie sind *nicht die Mitte des Evangeliums.* Denn biblische Texte zielen immer darauf, Jesus Christus und den Vater im Himmel groß zu machen – keine Menschen!

b) Das Gottesbild

Durch die Schriften und Reden der feministischen Theologinnen zieht sich eine geradezu gequälte Auseinandersetzung mit dem Gottesbild. Sie sagen, es sei bisher immer *patriarchalisch geprägt* gewesen. Die Vorstellung von Gott als dem gütigen alten Mann mit dem weißen Bart ist in den Schrecken der Kriege untergegangen. Viele heutige Frauen klagen aber, ihnen sei ein Gott vor das innere Auge gemalt worden, der ihnen Angst einflöße und zu dem sie kein Vertrauen haben könnten. Ihr Mißtrauen gegen alles, was mit Macht und Herrschaft zu tun habe, setze sie außerstande, einem Gott sich anzuvertrauen, der »alle Gewalt im Himmel und auf Erden« innehabe. Sie brauchten vielmehr einen Gott der Liebe und Zuwendung, der Güte und Zärtlichkeit; den menschenfreundlichen, ja den menschlichen Gott. Alle biblischen Bilder, die Gott beschreiben als Herrn und König, als Richter und Retter, ja auch als Vater, seien für sie unbrauchbar, weil geprägt von der Vorstellung eines Oben und Unten, einer Herrschaft und Unterdrückung, und für sie besetzt mit Furcht und Angst. Die Kirche habe in ihrer Tradition ja auch nur deshalb diese Bilder so bewußt und gern festgehalten, weil sie auf diesem Hintergrund die Menschen patriarchalisch und hierarchisch unterdrücken und unmündig halten konnte.

Folglich suchen feministische Theologinnen nach jenen Stellen, wo in der Bibel von *»weiblichen Zügen in Gott«* die Rede ist. Wie Entdeckerinnen stoßen sie auf Stellen, die treuen Bibellesern schon immer lieb und tröstlich gewesen sind, wie Jesaja 66,13: »Ich will euch trösten, wie einen seine Mutter tröstet«; Jesaja 49,15 von Gott, der sich mehr über sein Kind erbarmt als eine Mutter; Matthäus 23,37 von Jesus, der seine Kinder versammeln will, wie eine Henne ihre

Küchlein unter ihre Flügel. Es wird darauf aufmerksam gemacht, daß Jesus nicht sich dienen lassen, sondern selbst dienen will, und festgestellt, daß gerade Jesus viele »weibliche Züge« an sich trage. Schon im Alten Testament sage Gott seinem Volk Hilfe und Trost zu, allerdings auf dem Hintergrund der harten kriegerischen Auseinandersetzung mit den Nachbarvölkern. Die ursprüngliche Gottesvorstellung des Volkes Israel sei viel stärker weiblich geprägt gewesen, und erst in der Konfrontation mit den Göttern Kanaans und durch die Predigt der Propheten habe sich der Ein-Gott-Glaube und der Name Jahwe durchgesetzt. Hinter dem deutsch übersetzten Wort »Erbarmen« stehe das hebräische »rechem«, das eigentlich Mutterschoß, Uterus bedeute. Und Jesus habe in seinen Gleichnissen immer wieder Bilder aus der Welt der Frau und ihrer häuslichen Arbeit gebraucht: Brot backen, den Groschen suchen, Bilder von Geburt und Wehen.

So weit, so gut. Aber das reicht keineswegs aus, Gott als weiblich zu betrachten, als Frau zu bezeichnen und als »Gott Mutter« oder gar als »Göttin« anzubeten. Die Bibel macht es eindeutig klar, daß *Gott jenseits dieser geschlechtlichen Unterschiede* steht, die er als der Schöpfer geschaffen hat. Er hat diese Polarität seinen Geschöpfen eingegeben, von den Pflanzen über die Tiere bis hin zum Menschen. Aber für ihn sind solche Kategorien völlig unangemessen und unbrauchbar.

Was die Bibel an Bildern gebraucht, um Gottes Wesen zu beschreiben und sein Tun darzustellen, das sind eben Bilder, Gleichnisse. Wir Menschen können uns Gott ja nicht vorstellen, denn er »wohnt in einem Licht, da niemand zukommen kann« (1. Tim. 6,16). Es heißt also immer, er ist *wie* eine Henne oder ein Adler, *wie* ein Vater oder eine Mutter, *wie* ein Hirt und König, *wie* eine Hausfrau oder ein Held. Wir Menschen brauchen solche Bilder. Unser Denken geht nicht abstrakt im leeren Raum vor sich. Wir müssen aber wissen, daß solche Bilder nur ein Notbehelf sind für unsere beschränkte Vorstellung. Wir dürfen uns nicht bei den Bildern einnisten und festmachen, schon gar nicht an einzelnen oder einer willkürlichen unter ihnen angelegten Reihe. Es reicht auch nicht aus, Gott als die Summe aller dieser Bilder, als die Addition von männlich und weiblich (androgyn) darzustellen. Er überragt auch alle solche Summierungs-Ideen. Er ist mehr!

Mit unserem Streiten um Gottes Männlichkeit oder Weiblichkeit greifen wir zu kurz. In Wirklichkeit geht es um eine ganz andere Unterscheidung: ob Gott *verfügbar oder unverfügbar*, diesseitig oder jenseitig, immanent oder transzendent ist.

Wir Menschen stellen zu allen Zeiten immer wieder solche Versuche an, Gott in den Griff zu bekommen. Aber dann ist er nicht mehr Gott. Sein Gott-Sein hängt gerade mit seiner Allmacht zusammen. Licht ohne Dunkel, Recht ohne Unrecht, Weisheit ohne Verkehrung, Kraft ohne Schwäche – das sind die Vorstellungen, die wir haben müßten, und so etwas ist uns nicht vorstellbar. Im menschlichen Bereich müssen wir uns bei »Macht« immer auch Machtmißbrauch mitdenken. Wenn wir das dann auf Gott übertragen, dann haben wir wieder viel zu klein von Gott gedacht. Bei ihm sind eben Macht und Liebe, Kraft und Güte, Herrschaft und Erbarmen keine Gegensätze, sondern alles ist vollkommen und darum auch in vollkommenem Frieden.

Weil Gott so unverfügbar ist, ist unser Verstand überhaupt nicht imstande, ihn logisch und denkerisch zu begreifen. »Gottesbeweise« haben kaum je überzeugen können. Wer Gott erfahren will, der muß sich ihm *anbetend* nähern. Auf den Knien erfährt man mehr von Gott als in klugen Büchern und Argumenten. Einem theologischen Entwurf merkt man es an, ob er im Zusammenhang mit Gebet entstanden ist oder nicht.

Der oft gebrauchte Segenswunsch hält alles zusammen: »Es segne und behüte euch Gott der Allmächtige und Barmherzige, Vater, Sohn und Heiliger Geist.« Er ist alles, er ist die Fülle. Wir kleinen Menschen können uns nach dieser Fülle nur ausstrecken, uns von ihr beschenken lasen. Sie bleibt über uns »so hoch der Himmel über der Erde ist«. Und es bleibt das grundstürzende Geheimnis, warum dieser Gott in Jesus Mensch werden und zu uns kommen wollte.

c) Selektives Bibellesen

Wer Gott für verfügbar hält, für den ist die Bibel nicht mehr *Wort Gottes,* sondern Menschenwerk. Gewiß ist sie in langen Zeiträumen entstanden und von vielen Menschen niedergeschrieben. Gewiß sind diese Menschen, die Gott als seine Werkzeuge benutzt hat, keine Maschinen, und man spürt ihre Eigenart und Lebensgeschichte durch. Gewiß ist es deshalb wichtig, die Geschichte des Volkes Gottes zu studieren und sich hineinzuvertiefen in die historische Umwelt des Abraham und Mose, des David und vor allem in die Zeitgeschichte Jesu und der Urgemeinde. Gewiß ist nicht jeder Bibelabschnitt von gleichem Gewicht für unseren Glauben: Der Bericht von Jesu Tod und Auferstehen wiegt schwerer als Gesetzesbestimmungen aus dem 3. Mosebuch. Luther hat als Kriterium für eine solche Gewichtsverteilung genannt *»was Christum treibet«*, d.h. was von Christus zeugt, auf ihn hinweist, zu ihm hinführt.

Dieses Kriterium gerät in der Feministischen Theologie erheblich ins Wanken. Hier wird offen propagiert, daß Frauen Texte auswählen sollten, die *»von Frauen reden«* und frauenfreundlich sind. So geschieht eine *Auswahl nach Sympathie und Antipathie*. Es werden Bewertungen an die Bibel herangetragen, die völlig bibelfremd und glaubensfern sind. Die Frauengestalten rücken in den Mittelpunkt des Interesses. Männer werden von vornherein kritisch betrachtet. Bisherige Kernaussagen des Glaubens geraten aus dem Blickfeld. Das betrifft besonders alle die Stellen, wo von Sünde, Rechtfertigung und Erlösung die Rede ist. Sünde sei eine Erfindung der haarspalterisch denkenden Männer. So schlimm sei es gar nicht mit dem Riß zwischen Mensch und Gott. Die Frauen hätten vielmehr die Fähigkeit, aus ihrer stärkeren Bindung an Natur und Kosmos dem Schöpfer nahe zu sein. Wenn sie nur in sich hineinhorchen, ihrer Körperlichkeit und inneren Stimme folgen, dann seien sie schon im Einklang mit Gott. Von diesem Grundgefühl des Guten im Menschen hat man dann kein Verständnis mehr für die Rechtfertigungsbotschaft des Apostels Paulus, und damit für die große reformatorische Entdeckung Martin Luthers. Glaube wird etwas Beliebiges, das jeder und jede subjektiv gestalten kann und sich dafür aus der Bibel die passenden Worte, Bilder und Geschichten herausholt wie die Bausteine aus einem Steinbruch.

Diese Art Umgang mit der Bibel wird in feministischen Gruppen geradezu trainiert. Die Mittel dafür sind die *assoziative Methode* und die *Gruppendynamik*. Es sind beides moderne, hoch angesehene und weit verbreitete Empfehlungen. Das »Anpredigen« und einfache »Zuhören« gilt nichts mehr. Stattdessen ist es »in«, daß in einer Runde jeder Teilnehmer gleiches Recht und Stimme hat. Ein vorgegebener Text wird bei dieser Methode nicht zuerst nach seinem eigenen Ziel befragt (seinem »Skopus«), sondern jede in der Runde bringt ein, was ihr gerade dazu einfällt. Dabei bekommen beiläufige Einzelheiten Hauptgewicht und kommen abwegige Querverbindungen mit hinein, die nichts dabei zu suchen haben. Die Gruppe kann mit Zustimmung und Ablehnung über die Richtigkeit einer Auslegung befinden. Dabei ist es entweder völlig offen und dem Zufall überlassen, wo der Gedankengang landen wird. Oder es kommt zu einer heimlichen Lenkung durch die geschulte Gruppenleiterin, eventuell sogar durch ein eingespieltes Team, die von den Teilnehmerinnen gar nicht als solche wahrgenommen wird. Unter dem Schein der völligen subjektiven Freiheit kann eine massive Manipulation am Werk sein.

Christen müssen sich vor solchen Arbeitsmethoden hüten. Sie sollten bei Tagungen auf Offenlegung des Programms mit seinen Zielen und Schritten und auf Nennung der Mitarbeiter dringen.

Eine besondere Rolle beim feministischen Umgang mit der Bibel spielt die *eigene Erfahrung*. Diese braucht nicht die Erfahrung eines Christen mit seinem Herrn zu sein. Im Gegenteil – solche Erfahrungen solle man vergessen, weil sie nur hinderlich seien für einen unmittelbaren Zugang zur Bibel. Vielmehr solle es hier um rein menschliche Gefühle und Erfahrungen gehen. Vor allem die Erfahrungen als Frau sollen die Brille sein, mit der die Bibel gelesen wird. Kindheit als Mädchen, Pubertät und Menstruation, Freundschaft und Ehe, Geburt und Kindererziehung, Wechseljahre und Altern sollen als weibliche Grunderfahrungen bedacht werden. Dazu kommen die Gefühle von Liebe und Zärtlichkeit, Enttäuschung und Unterdrückung, Anspannung und Leerlauf, Geborgensein und Einsamkeit. Alle diese Empfindungen sollen ausgesprochen werden. Frauen sollen sich mit diesen Gefühlen in biblischen Aussagen »wiederfinden«, sollen in biblischen Erzählungen »vorkommen«, sich mit biblischen Gestalten »identifizieren«.

Gewiß will das Gotteswort uns da abholen, wo wir sind. Aber es will uns dann begegnen. Es ist nicht nur ein Echo dessen, was in uns ist und vorgeht und was wir artikulieren; denn damit bleiben wir bei uns selbst und drehen uns um uns selbst. Vielmehr will uns im Wort der Bibel *der lebendige Gott begegnen*, damit etwas bei uns neu werden kann. Dazu muß man allerdings von sich selber abzusehen bereit sein und *hören wollen wie ein Jünger*. Es hängt ganz viel, ja alles an dieser Offenheit, mit der wir das Gotteswort an uns heranlassen, in uns hereinlassen. Unsere Sympathien und Antipathien sind Vor-Urteile, die uns innerlich verschließen. Unsere ausgeklügelten Methoden sind Blockaden, die dem Anruf Gottes den Weg verstellen. Unsere eigenen Erfahrungen sollten in uns den Hunger wecken nach dem ganz Anderen, nach der Auflösung so vieler Lebensrätsel. Sie tragen die Erklärung der Welt eben nicht in sich, sondern stellen die Fragen, auf die wir dringend Antwort brauchen. Wir Frauen sind genauso wie die Männer Menschen, bei denen Sünde und Gottlosigkeit das Innerste und Beste bedrohen und zerstören. Und deshalb sind wir wie die Männer angewiesen auf den Anruf Gottes und die rettende Tat Jesu Christi.

d) »Frauengerechte Sprache«

Feministische Theologinnen machen sich heute Gedanken über die Sprache in Bibel und Kirche. Gewiß ist es wichtig, daß in der »Kirche des Wortes«, die unsere evangelische Kirche von Anfang an war und sein wollte, das Bibelwort verstehbar ist. In den Jahren seit dem Ende des 2. Weltkriegs wurde immer neu um den rechten Wortlaut der Bibel gerungen. In schneller Folge kamen *immer neue Bibelübersetzungen* heraus. Ihr Leitmotiv war die leichtere Verständlichkeit, gerade auch für Außenstehende und Randsiedler der Kirche. Sie ersetzten veraltete Begriffe durch neuere, feierliche durch alltägliche, und teilten komplizierte Sätze in kürzere und schlichtere Aussagen auf. Man unterzog die bewährte alte Luther-Übersetzung neuen Bearbeitungen. Dabei ist der anfängliche euphorische Eifer inzwischen einer Unsicherheit gewichen, ob diese Entwicklung nun eigentlich positiv oder negativ sei.

Ältere und erfahrene Christen konnten in den sonntäglichen Lesungen die vertrauten Texte kaum mehr wiedererkennen. Die geschliffenen Formulierungen sind nicht mehr da, die man im Gedächtnis hatte, und eine junge Generation ist überhaupt ganz schwer zum Auswendiglernen zu bewegen – also ist der innerlich mitgeführte Schatz biblischer Aussagen rapide im Schwinden. An manche neue Übersetzung muß die Frage gestellt werden, ob sie noch den vollen Inhalt der biblischen Aussage wiedergeben kann oder vielleicht ein verflachtes Verständnis fördert, bis hin zur trivialen Schnodderigkeit. In der mündlichen Verkündigung können solche Mittel, am richten Ort gebraucht, wohl sinnvoll sein. Aber eine Bibel-Übersetzung ist das nicht mehr.

Mit ihrem Eifer um eine frauengerechte Sprache verstärken feministische Theologinnen die Tendenz, daß Kirche und Glaube sich in dem Wettbewerb auf dem Markt der weltanschaulichen Möglichkeiten nur noch nach dem richten, *was »ankommt«*, was »in« ist, was irgendwelche Leute gern hören wollen. Die Bibel nennt das: » . . . wonach ihnen die Ohren jucken« (2. Tim. 4,3). Rechte Übersetzung von Texten und rechte Weitergabe von Bibelauslegung ist aber ein ständiges Ringen um die Erfassung dessen, was da gesagt und gemeint ist. Hier kommt es auf viel Treue und Genauigkeit an.

Dazu kommt dann die zweite Seite der Aufgabe: es den konkret vorhandenen Menschen so zu überbringen, daß sie es aufnehmen und verstehen können. Da muß man gewiß »dem Volk aufs Maul schauen«, wie Luther sagt. Aber nicht ihm nach dem Mund reden –

das ist der Unterschied! Das Evangelium bleibt die fremde Botschaft, die quer steht zu unserem Wollen und Denken, die von außen an uns herangebracht werden muß, die uns nicht nur gut schmeckt, sondern mit der wir uns auseinandersetzen müssen.

Die Textrevisionen der Feministinnen betreffen vor allem das, was sie als patriarchalisch empfinden. Wo ein »er« steht, soll es durch ein »sie« ersetzt oder zumindest ergänzt werden. Das Wort »Herr« für Gott muß ganz verschwinden, »Vater« durch »Mutter« ersetzt oder erweitert werden. Eine solche *»Reinigung« der patriarchalen Sprache* muß dann natürlich ausgedehnt werden auf allen kirchlichen Sprachgebrauch und alle Formulierungen in Glaubensbekenntnis, Liturgie und Gesangbuch. So kommt man – nein: »frau« – zu kühnen Formulierungen wie »Gott Mutter«, »Jesa Christa« und »Heilige Geistin«. Es entstehen völlig reim- und rhythmus-zerstörende Umdichtungen von Kirchenliedern und sprachliche Ungetüme in Liturgie und Kirchengebet. Feministinnen schlagen sprachliche Purzelbäume, mit denen sie auf der einen Seite ins Blasphemische, auf der anderen ins Lächerliche geraten. Aber die fanatischen Vertreterinnen dieser Sprachversuche stört das wenig. Sie sind auch höchst allergisch gegen jede »inklusive Sprache«, die etwa mit »Brüder« Männer und Frauen anredet, weil sie doch Christen sind und den Nichtchristen gegenüber zusammengehören. Viel eher können Feministinnen sich dazu verstehen, ins geschlechtslose Neutrum auszuweichen. Dann aber hat man einen Gott, der nur noch Liebe oder Kraft, Licht oder Bewegung oder sonst irgend etwas ist, aber keine Person mehr, zu der man »du« sagen kann.

Hier gilt auch das, was dem Petrus in einer gefährlichen Stunde gesagt wurde: »Deine Sprache verrät dich.« Wo unser Reden sich aus der Bindung und Prägung der biblischen Sprache entfernt, da gerät es schnell ins Schleudern. Das spürt man bis hin zu einem deutlichen Verfall der Sprachkultur, wenn etwa feministische Zirkel im Verbund mit Frauengruppen aller Art in ein leichtfertiges und triviales Vokabular hineinkommen. Das spürt man auf der anderen Seite in einer geistreichen Verflüchtigung der Begriffe, die groß daherkommen und wo doch nichts dahinter ist. Das spürt man an einer immer mehr um sich greifenden Hilflosigkeit des Ausdrucks und *Sprachlosigkeit im Glauben.*

Alle diese Beobachtungen im feministischen Lager weisen uns darauf zurück, wie wichtig ein *ehrfürchtiges und betendes Bibellesen* ist. Wir müssen einander als Christen darin ständig beistehen, es miteinander in kleinen und großen Gruppen üben, einander erinnern, ermahnen und ermuntern. Dabei kann dies Bibellesen einmal mehr den Charakter des gründlichen Bibelstudiums haben, wo wir mit Kommentar und Konkordanz, mit Griechisch und Hebräisch, mit Landkarten und historischen Zeit-Tabellen arbeiten. Ein andermal ist es mehr das meditative Hören und stille Eindringen in ein gegebenes Wort. Ob es ein langer Abschnitt ist oder ein kurzes Losungswort, ob wir allein lesen oder in einer Gruppe oder im Gottesdienst: Immer gehört die Ehrfurcht vor dem gegebenen Gotteswort dazu und die betende, hörende, empfangende Haltung. Dann kann Gottes Anruf uns beschenken und korrigieren, überwältigen und erneuern.

4. Politischer Aktionismus – missionarische Schritte

a) Bürger-Initiativen

Das Ende des 2. Weltkriegs und der Zusammenbruch des Hitler-Regimes brachte für viele einen Zusammenbruch auch ihrer persönlichen Wertvorstellungen. Sie mußten sich neu orientieren. Auch Christen und Kirchen, die von sich sagen konnten »Wohl haben wir lange Jahre hindurch im Namen Jesu Christi gegen den Geist gekämpft, der im nationalsozialistischen Gewaltregiment seinen furchtbaren Ausdruck gefunden hat«, mußten doch bekennen: »Aber wir klagen uns an, daß wir nicht mutiger bekannt, nicht treuer gebetet, nicht fröhlicher geglaubt und nicht brennender geliebt haben« (Stuttgarter Erklärung, 19.10.1945). In den darauffolgenden Jahren waren Christen gefragt, beim Neuaufbau eines Staatswesens mitzuarbeiten, und viele führende Männer dieser ersten Nachkriegsgeneration kamen aus den Reihen der »Bekennenden Kirche«. Dann aber kamen Zweifel an der Richtigkeit der neuen Entwicklung. Es begann ein neues Fragen nach Bewältigung der Vergangenheit und Orientierung für die Zukunft, nach Rechts- und Links-Politik, nach alternativen Formen in der Demokratie. Dabei wurde die Frage »Wie politisch sollen Christen sein?« immer drängender. Das Versäumnis der Kirchen in den 30er Jahren sah man jetzt nicht im Mangel an Glauben, sondern im inaktiven Nicht-Handeln auf der politischen Ebene: »Ihr hättet kämpfen müssen gegen die Entstehung des Ein-Parteien-Staats, gegen Kommunistenhaß und Judenverfolgung, und an diesem Versagen war eure Obrigkeitshörigkeit schuld!« Aus dieser Sicht drängen Christen seit den 60er Jahren immer mehr in aktive politische Tätigkeit, auch außerhalb der geregelten parlamentarischen Bahnen.

Die aufkommenden Bürgerinitiativen hatten bald eine starke Beteiligung gerade von Frauen zu verzeichnen. Sie setzten sich hohe moralische Ziele. Die Bedrohung durch die Atombombe, die man seit Hiroshima über sich hängen fühlte, stärkte das Drängen nach einer stabilen Friedensordnung. In den Auseinandersetzungen um die Wiederbewaffnung, um die Zementierung des zweigeteilten Deutschland und um die Zugehörigkeit zum jeweiligen Machtblock entstand die *Friedensbewegung.* Viele christliche Frauen haben sie zu ihrer Sache gemacht. Sie ziehen auf Demonstrationen gegen Kasernen und Waffendepots, bilden Menschenketten und Sitzblockaden. Sie machen sich kundig in komplizierten wehrwissenschaftlichen Strategiefragen. Sie unternehmen wochenlange »Wege für den Frieden«, arbeiten in ständig tagenden Gruppen mit und suchen einflußreiche Personen ins Gespräch zu ziehen. Die christliche Begründung für diese Aktivitäten wird aus der Bergpredigt abgeleitet: aus der Seligpreisung der Sanftmütigen und Friedfertigen, der Auslegung des 5. Gebots und den herausfordernden Worten über die Feindesliebe. Mit dem von daher gewonnenen moralischen Recht gehen Leute der Friedensbewegung dann ohne Gewissensbisse in den Bereich des Illegalen und lassen sich als Märtyrer für die gute Sache bei Sitzblockaden von der Polizei wegtragen. Diese Demonstranten möchten zwischen passivem Ungehorsam und aktiver Gewalt unterscheiden. Aber sie haben ständig damit zu tun, daß ganz anders motivierte Gruppen sich dazugesellen, die Gewalt nicht so scharf ablehnen, so daß sie die Reinheit ihrer Motive schwer durchhalten können.

Sind bei der Friedensbewegung schon Frauen auffällig stark tätig, so erst recht in der *Ökologie-Bewegung.* Bei den Aktionen örtlicher Bürgerinitiativen sind die Ziele, um die es geht, nahe und einsichtig. Mütter kämpfen um Spielplätze für ihre Kinder, gegen neue Straßen und Industrieanlagen, für sichere Schulwege und für Freizeit-Einrichtungen. Viele Frauen sind aus solchen Gründen in die Kommunalpolitik gegangen. Viele haben sich müde gestritten und resigniert zurückgezogen. Manches ist erreicht und vernünftiger gestaltet worden. Etliche stellten erschrocken fest, wie schnell sie selber in verantwortlichen Ämtern ihre anfänglichen Ideale verloren. Politisch handeln ist ein schwieriges Werk. Der Umweltschützer kann nicht nur an den Wald, die Hühner und die Kröten denken, sondern muß das Ganze im Blick haben. Mensch, Tier und Pflanze, Ökologie und Ökonomie zugleich berücksichtigen in unserem dicht besiedelten Industrieland – das ist wahrhaftig nicht leicht. Es war nötig, die Probleme zu erkennen, und es ist jetzt nötig, gangbare Wege zu finden. Nur mit Idealismus geht der zweite Schritt nicht. Der erfordert nüchterne Bereitschaft zum Kompromiß.

Eine neue Welle dieser Bewegung haben wir in Gestalt der *Anti-Kernkraft-Demonstrationen*. Durch das Unglück von Tschernobyl wuchs die Angst und verstärkte sich der Druck. Viele Christen meinen, hier läge in unseren Jahren die Hauptaufgabe der Kirche: um der Menschen willen, um des Überlebens der Menschheit willen für den sofortigen Ausstieg aus der Kernenergie zu kämpfen. Gerade Frauen als die Trägerinnen des Lebens, die Beschützerinnen der Kinder und Heranwachsenden fühlen sich berufen, ihre ganze Kraft diesem Ideal zuzuwenden. Ihr Einsatz ist bewunderswert. Sie sind erfüllt von der Gedankenreihe: Friede, Gerechtigkeit und Bewahrung der Schöpfung. So soll das Motto einer kommenden Weltversammlung heißen, wo Menschen guten Willens aus allen Völkern und Religionen sich zusammenschließen sollten, um unsere Welt vor dem Untergang zu bewahren.

Wir sind alle sensibler geworden für solche Fragen, und das ist gewiß das Verdienst dieser Gruppen und ihrer Frauen. Aber das umzusetzen in das Machbare, ist unendlich schwer. Überzogener Idealismus schlägt um in Fanatismus, wo er nicht durch praktische Gestaltungsaufgaben gebändigt und umgesetzt wird.

b) Christen und die Dritte Welt

Was wir heute »Dritte Welt« nennen, das haben frühere Generationen als Kolonien oder ferne exotische Ziele für Abenteuer kennengelernt. Fast überall bestehen jetzt selbständige Staaten, die sich ihrer nationalen Eigenart zunehmend bewußt werden. Sie durchlaufen in wenigen Jahrzehnten Entwicklungen, die in Europa Jahrhunderte gedauert haben. Sie leiden unter gewaltigen wirtschaftlichen Problemen. Von Europa und Nordamerika her gesehen brauchen sie die Hilfe einer aktiven *Entwicklungspolitik*. Daß viel früher schon die christliche Mission Anfänge einer behutsamen Entwicklung eingeleitet hat durch Ärzte und Schwestern, Lehrer und Schulen, landwirtschaftliche und handwerkliche Hilfen – das wird merkwürdig verdrängt und vergessen. Eine rein wirtschaftspolitische Entwicklungshilfe von Staaten oder Wirtschaftskonzernen her hat in den letzten Jahrzehnten zu einer immensen Verschuldung dieser Länder geführt.

So ist bei vielen unter uns eine anfängliche Entwicklungshilfe-Euphorie umgeschlagen in Ratlosigkeit. Dem Europäer wird mit moralischem Unterton die frühere Kolonialherrschaft vorgehalten und sein heutiger Reichtum als Schuld ins Bewußtsein geschoben. Bei der vielen anklagenden Literatur, die gerade unter Christen verbreitet wird, sind meist die Frauen dieser Entwicklungsländer besonders im Blickfeld, und wieder sind es Frauen, denen die geschilderte Not besonders zu Herzen geht. Der Wille zu helfen ist nicht gering. Aber es wird zunehmend nach dem genauen Projekt gefragt, etwa bei »Brot für die Welt«. Man gibt nicht mehr so gern in den »großen Topf«, sondern möchte Rückmeldungen haben, was mit dem Geld erreicht worden ist.

Innerhalb der christlichen Kirchen führt die intensive Beschäftigung mit der Dritten Welt zum Aufmerksamwerden auf Formen von Theologie, die in diesen Ländern entwickelt worden sind, die sogenannten Kontext-Theologien (»Kontext« hier = Umgebung, Umwelt): *»Schwarze Theologie«, »Theologie der Armut«, »Befreiungstheologie«*. Sie sind herausgewachsen aus den Nöten und Leiden bestimmter Menschengruppen, aus ihren Hoffnungen und Sehnsüchten, aus den Antworten der Bibel, wie sie sie gehört haben, und aus den Glaubensvorstellungen, die sich bei ihnen herausgebildet haben.

Zusammengefaßt zu einem theologischen System werden sie seit etwa 2 Jahrzehnten auch bei uns publik gemacht und entfalten ihre Anziehungskraft auf die europäischen Wohlstandskinder. Sie sind transportiert worden mit der Welle der Gospel-Songs und werden weiter lebendig gehalten durch Berichte aus Basisgemeinden und durch die intellektuelle Ausformung und Verbreitung in unseren Kirchen. Auch die Sympathie für eine Gestalt wie Martin Luther King hat dem Denken für andere Volksgruppen starken Antrieb gegeben.

Für die Kontext-Theologien ist der Europäer merkwürdig schnell bereit, seine eigene theologische Tradition zu verlassen. Besonders die Frauen fühlen sich angezogen von den Berichten des Elends, wie sie etwa aus Mittelamerika oder Brasilien zu uns kommen. Dort ist es vor allem die katholische Kirche, die beschuldigt wird, bisher an der Seite der Großgrundbesitzer gestanden und das schlichte Volk vernachlässigt zu haben. Deshalb läuft die Welle der Kontext-Theologien auf der katholischen Seite mindestens ebenso stark wie auf der evangelischen und wird auch dort von den Befreiungstheologen ein totales Umdenken gefordert. Ihr Hilfswerk »Misereor« arbeitet ähnlich wie »Brot für die Welt«, mit Schwerpunkt in Südamerika.

Besonders deutlich kämpfen die Kontext-Theologen *gegen den Rassismus.* In den USA hat sich seit den Tagen der Bürgerrechtsbewegung und der Ermordung von M.L. King vieles verändert. Die Schwarzen sind dort heute voll als Mitbürger akzeptiert und die Trennungen fast völlig abgebaut, wenn es auch noch eine Weile ein soziales Problem bleiben wird, da der wirtschaftliche Aufstieg Ausgleich und Zeit braucht. Umso mehr hat sich das Interesse anderen unterdrückten rassischen oder ethnischen Minderheiten zugewandt: die Basken in Spanien, die Aborigenes in Australien, die Indianer in Nord- und Südamerika, die Kurden in den Ländern Irak, Iran und Türkei, die Drusen zwischen Israel und Libanon, die Palästinenser unter israelischer Herrschaft, und vor allem die Schwarzen in Südafrika. Wer sich mit solchen Ländern eingehender beschäftigt, der entdeckt, wie kompliziert das Miteinander und Durcheinander verschiedener Völkerschaften ist, und in wie vielen Ländern es ähnliches gibt. So ist die Sowjetunion keineswegs ein russischer Nationalstaat, sondern ein Gemisch aus vielen und verschiedensten Völkern, die sich zunehmend ihrer eigenen Art und Geschichte bewußt werden (baltische Völker, Armenier).

Gewiß wollen Christen helfen, wo Not ist, und Menschen zu dem verhelfen, was man *Menschenrechte* nennt, und gewiß ist gerade bei uns Deutschen das Gewissen in Punkto Rassismus besonders belastet. Von daher hat auch der Ökumenische Rat der Kirchen in Genf sein Antirassismus-Programm hauptsächlich mit deutschen Geldern zu finanzieren gewußt. Doch ist es vielen fraglich geworden, ob man mit einer so pauschalen und so emotional aufgeheizten Information arbeiten darf. Wo der Bogen bei uns überspannt wird, da tritt statt hilfreicher Anteilnahme Desinteresse und Ablehnung ein. Wir in Deutschland können nicht alle Probleme der Welt lösen. Auch als Christen können wir uns nur an einzelnen Stellen hilfreich engagieren. Im Gebet allerdings können wir viel mehr erfassen! Wir können eindringlich darum beten, daß so etwas wie der Mord an den Juden nicht irgendwo wieder geschieht. Den Staaten und ihren politischen Führern draußen können wir aber nicht vorschreiben, was sie zu tun haben. Und die unterdrückten Völker und Rassen dürfen wir nicht zur Gewaltanwendung ermuntern. Das bedeutet, daß wir uns größte Zurückhaltung auferlegen müssen, doppelt gegenüber solchen Ländern, in denen Bürgerkriege oder bürgerkriegsähnliche Zustände herrschen.

c) Politische Aktionen

Es ist merkwürdig, daß gerade christliche Frauen sich heute aufgerufen fühlen, durch ihre Aktionen Verhältnisse zu verändern. Sie tun das gewiß zu einem ganzen Teil aus ihrem besonderen Blick für Not und Elend und aus ihrer natürlichen Hilfsbereitschaft. Sie tun es auch aufgrund ihres gewachsenen Selbstbewußtseins und der vermehrten Möglichkeiten, die sie haben. Sie tun es auch aus dem Gefühl, daß die Männer keine Auswege mehr wüßten aus den vielerlei Sackgassen unserer Zeit und stattdessen andere Eigenschaften »dran« seien – eben die der Frauen. So erleben wir heute viele Aktivitäten von Frauen.

Der *Frauen-Weltgebetstag* ist eine solche Initiative. Ausgehend von verschiedenen amerikanischen Gruppen, die sich zusammenschlossen, hat er nach dem 2. Weltkrieg in rasantem Tempo fast alle Länder erreicht, wo es Christen gibt. Es ist ein großartiger und stärkender Gedanke, daß an diesem Tag rund um die Welt mit den selben Anliegen und unter den selben Bibeltexten gebetet wird. Es ist ein verbindendes Element, wenn jedes Jahr die Gebetsordnung aus einem anderen Land kommt und sich alle mit diesem Land und seinen Verhältnissen beschäftigen. Es bringt allerlei Hilfe untereinander in Bewegung, wenn jedes Jahr für bestimmte Projekte gesammelt wird. Doch müssen wir wohl darauf achten, daß die Aktion nicht zum Selbstzweck wird. Es kann sein, daß wir überall »Unterdrückung der Frauen« feststellen und diese Monotonie uns erstickt. Es kann sein, daß fremdartige Sitten, Gewänder, Tänze und Rezepte so interessant werden, daß wir mit ihnen auf eine Art geistigen Tourismus gehen. Es kann sein, daß uns vor lauter Vorbereitung und Betriebsamkeit das Gebet verlorengeht. Schon ist die Ansprache, das Hören auf das Wort der Schrift, im Liturgie-Formular immer mehr an den Rand geraten. Wir sollten achtsam sein, damit nicht das Beten zum meditierenden Selbstgespräch verkommt und das Hören vor einer Flut von bildhaften und gestalterischen Elementen taub wird. Das Gebet kann einen von sich selbst überzeugten überzogenen Aktivismus heilsam in Zucht halten, wenn es an das Wort der Schrift gebunden bleibt und in Ehrfurcht vor Gott steht.

Die spektakulärste Aktion von christlichen Frauen in Deutschland ist der sogenannte *Früchteboykott.* Er läuft jetzt schon 10 Jahre bei der Evangelischen Frauenarbeit in Deutschland (EFD), die als Dachverband die Frauenwerke der ev. Landeskirchen und eine ganze Reihe selbständiger evangelischer Frauenverbände zusammenschließt. »Kauft keine Früchte der Apartheid« lautet das Schlagwort, mit dem man in Schriften und Diskussionen die Hausfrauen zu überzeugen sucht. Dabei wird uns viel begleitendes dokumentarisches Material angeboten, das der Bewußtseinbildung dienen soll. Anderslautende Stimmen und Nachrichten aus Südafrika werden als vom Regime dirigiert empört zurückgewiesen. Die Aktion läuft organisatorisch neben der EFD her, es wird aber dort ihre Fortsetzung von Jahr zu Jahr neu beschlossen und trotz etlicher Gegenstimmen durchgesetzt. Die einzelnen Mitgliedsverbände stehen damit unter dem moralischen Druck, diese Aktionen mit durchführen zu müssen, wenn sie nicht in Verdacht geraten wollen, Rassisten zu sein.

Daß der Früchteboykott wirtschaftlich wenig bewirkt, ist lange bekannt. Man hält ihn aber für wichtig zur Bewußtseinsbildung in Richtung auf einen allgemeinen Wirtschaftsboykott. Und gewiß ist er auf diesem Feld nicht ohne Wirkung geblieben. Unter den Frauen, die sich dafür einsetzen, wird es als selbstverständliche Christenpflicht empfunden, und sie können es subjektiv ehrlich nicht verstehen, wie jemand Christ sein und in dieser Sache anders denken kann.

Das Gedankengut des politischen Aktionismus wird gepflegt und verbreitet auf den großen *Ökumenischen Versammlungen.* Dort treffen sich Aktivisten aus allen Ländern und Erdteilen. Die teilnehmenden Kirchen bekommen die Auflage, nicht ihre leitenden Geistlichen zu schicken, sondern einen hohen Anteil Frauen und Jugendliche. So kommt es zu einer Häufung von Idealisten und Aktivisten, die sich untereinander schnell finden, verständigen, ermutigen und aufheizen. Frauen aus der dritten Welt lernen die selbstbewußte Art der Frauen aus den Industrieländern kennen und nehmen sie schnell selber an. Für die Klagen über ihre Lebensverhältnisse finden sie offene Ohren, die aus den Klagen schnell Anklagen machen und mit ihnen und für sie Rechte einfordern. Es knüpfen sich persönliche Freundschaften an, die zu neuen gezielten Aktionen werden.

Bei den *Kirchentagen* der letzten Jahre kam es vermehrt zu Einladungen an Christen aus der dritten Welt, gerade auch an Frauen und ganze Frauengruppen. In Frankfurt 1987 eskalierte der Früchteboykott zum Banken-Boykott mit fragwürdigen Erscheinungsformen, getragen weithin von Frauen. Auch schon vorher in Düsseldorf (1985), Hannover (1983) und Hamburg (1981) war das Drängen der Frauen zur politischen Aktion zu spüren: mit dem Schlagwort »Fürchtet euch«, das die Hamburger Losung ins Gegenteil verkehrte, mit den lila Halstüchern, die zum Zeichen der Friedensbewegung geworden sind, und mit den immer neuen Demonstrationszügen durch die betreffenden Städte. Das zuletzt gewählte gelbe Halstuch trägt die hochgereckte geballte Faust. Ist das ein Zeichen für Christen? Müssen Christen hier nicht erschrecken? Ist ihr Zeichen nicht das der gefalteten Hände? Wo sind wir hingeraten mit den politischen Aktionen?

d) Politik oder Mission?

Wir stehen als Christen vor der Alternative: *Politisches Druckmittel oder Verkündigung des Evangeliums?* Wenn wir von bestimmten politischen Notwendigkeiten überzeugt sind, geraten wir leicht in die Nähe des Fanatismus, dem jedes Mittel recht ist. Darf der Zweck, eine angeblich gerechtere Staatsform herstellen zu wollen, jedes Mittel heiligen, auch bewußtes Inkaufnehmen von Verarmung und Elend, auch Jasagen zu Gewalt und Blutvergießen? Mit politischen Druckmitteln geraten wir in zynische Menschenverachtung.

Christen haben andere Aufgaben. Ihnen ist das Evangelium anvertraut, und das sollen sie weitersagen. Das dürfen sie nicht verschweigen, sonst machen sie sich schuldig an der wichtigsten Aufgabe, die Gott ihnen stellt. Wenn sie diesen Auftrag treu wahrnehmen, tragen sie das Wichtigste und Grundlegende bei zur Gestaltung auch des politischen Lebens. So muß z.B. die Apartheid von innen her, vom Glauben her, überwunden werden, damit dann die äußeren Hürden auch fallen können. So muß der geistige Kampf aufgenommen werden gegen menschliche Hartherzigkeit, die Unterdrükkung, Konkurrenzkampf, Verlogenheit und Lebensfeindlichkeit zur Folge hat. Christliche Kirchen müssen den Regierenden ins Gewissen reden, ja, aber nicht sie unter Druck setzen – da würden sie ihrer Berufung untreu. Die Christen und die Kirchen verfügen nicht über das bessere politische Konzept, das sie den Politikern empfehlen oder gar aufzwingen könnten.

Wir müssen die Dinge auseinanderhalten. Martin Luther nennt *zwei Regierweisen Gottes*: das weltliche und das geistliche Regiment. Gott regiert als der Schöpfer die Welt und benutzt zur Erhaltung der Welt vielerlei Menschen, auch die ihn nicht anerkennen, und vielerlei Formen und Strukturen. Gott hat uns zugut seinen Sohn in die Welt geschickt und läßt sein Angebot der Erlösung in seinem Wort allen Menschen verkündigen; hier benutzt er die Seinigen, die ihm gerne dienen und in den Kirchen zusammengehören.

Auf diese beiden ganz unterschiedlichen Weisen begegnet uns Gott, und wir tun gut daran, sie auseinanderzuhalten und nicht zu vermengen. Gott hat die Welt lieb und will das Leben erhalten. Weil die Menschen ständig gegen seine Gebote verstoßen, deshalb läßt er ihnen das Heil in Jesus Christus anbieten. Christen sind Bürger ihrer Staaten und arbeiten dort mit am Wohl der Mitbürger und am Frieden unter den Völkern, sie sind aber auch Glieder ihrer Kirche und dienen dem Herrn, in dem allein das Heil für uns Menschen beschlossen liegt. Dies beides deckt sich nicht einfach. Man kann den Menschen auf die weltliche Weise dienen vom Impuls der Gotteskindschaft her. Es gibt auch die Situation, in der der Christ dem Staat widerstehen muß, weil er Gott mehr gehorchen muß als den Menschen, und dann gerät er ins Leiden. Gott sei Dank haben wir einen solchen glaubensfeindlichen Staat bei uns heute nicht. Aber Kirche und Staat müssen getrennt bleiben um ihrer jeweiligen Aufgabe willen. Dem Politischen haftet immer das Unvollkommene, Vorübergehende, Zeitbedingte an – das Ewige ist von anderer Qualität und bringt andere Gesichtspunkte in unser Leben und Denken hinein.

Was hat der Christ, insbesondere die christliche Frau, für Aufgaben in unserer heutigen Welt?

Mit einem christlich begründeten politischen Aktionismus sollten wir vorsichtig sein, denn er verführt uns leicht in Abhängigkeit gegenüber verschiedensten politischen Gruppen und ideologischen Konzepten. Auch wo solche Abhängigkeiten nach außen hin zunächst verborgen bleiben, sollten wir an dieser Stelle sehr kritisch und aufmerksam sein. Dagegen gibt es für den Christen ein weites Feld der verantwortlichen Mitarbeit im weltlichen Raum in Richtung auf *Helfen, Heilen und Behüten.*

Jede Regierung weiß, daß die karitativen und diakonischen Aufgaben am besten bei den Christen aufgehoben sind: Krankenpflege, Altenhilfe, Fürsorge für Behinderte, Auffangen von Gestrauchelten, Wohltun und Beistehen in vielfältigen Nöten. Hier geschieht viel, mit beruflich qualifizierter Ausbildung in Krankenhäusern und Heimen und ambulanten Hilfsdiensten – aber auch ganz in der Stille in den Familien. Alle Mütter, die Kinder großziehen, tun einen wichtigen Dienst auch für ihren Staat und die Gesellschaft, und es ist eine gute Sache, daß heute Kindererziehungszeiten in der Bemessung der Renten mit berücksichtigt werden. Gewiß sind diese Dienste eine unscheinbare, oft unbeachtete Sache. Man steht damit nicht im Rampenlicht der Öffentlichkeit, man ist kein »Star«, der viel »Erfolg« vorweisen könnte. Gerade deshalb braucht es für diese Dienste die christliche Persönlichkeit, die auf Popularität und Beifall verzichten kann, weil ihre Menschenwürde bei Gott selber gegründet ist.

Christen können *dienen,* weil der Herr selber ein Diener wurde.

Neben diesen praktischen Aufgaben dürfen Christen aber nie ihre Haupt-Aufgabe versäumen: Es weiterzusagen, was ihrem Leben Halt und Sinn gibt. Sie müssen von dem erzählen, der sie befreit und beschenkt hat, sie müssen Zeugen sein für den Herrn, dem sie gehören, sie müssen *zum Glauben rufen.* In welchen Formen sie das tun, das kann ganz verschieden aussehen. Für einige heißt es, hinauszugehen in fremde Länder als Missionare, für andere bedeutet es, sich ausbilden zu lassen zur Wortverkündigung und hauptamtlichen Mitarbeit in der Gemeinde. Für Mütter heißt es immer: ihre Kinder beten lehren, ihnen biblische Geschichten erzählen, sie zum Gemeindeleben hinführen und ihnen vorleben, wie ein Leben mit den Geboten Gottes und aus der Gnade des Herrn Christus aussehen kann. An dieser Stelle tun christliche Mütter ihren großen Dienst, in dem sie unersetzlich sind. Junge Menschen zu Christus führen, das ist unendlich viel mehr als irgendwelche spektakulären Aktionen!

5. Fremd-religiöse Einbrüche – den Glauben bekennen

a) Götter und Göttinnen

Es ist kaum zu begreifen, wie es dazu kommen konnte, daß bis weit hinein in unsere Kirchen und ihre Arbeitszweige eine neue Hinwendung zu fremden Göttergestalten stattfindet. Gewiß, wir hören und sehen heute mehr als frühere Generationen von den Völkern in allen Erdteilen. Ihre kulturellen Leistungen stehen hoch im Kurs, und diese sind getränkt von Religiosität. Alles Fremdartige interessiert uns, und wer sich staunend und liebevoll in diese fremde Welt hineinvertieft, bekommt Achtung vor ihrer Gedanken- und Bilderwelt und – beginnt unversehens, sie sich anzueignen.

Im Herzen festsetzen kann sich diese faszinierende Götterwelt da, wo schon vorher ein inneres Vakuum vorhanden ist, wo man *Gott als Herrn und Vater ablehnt.* Diese Ablehnung hängt gewiß bei manchen Frauen mit leidvollen persönlichen Erfahrungen mit ihren Vätern und Männern zusammen. Alles Männliche ist ihnen tief verdächtig geworden, weil sie es als gewalttätig und unterdrückend erlebt haben. Diese Gefühle voll Angst und Haß übertragen sie nun auf Gott, den sie offenbar nie als den barmherzigen Vater kennengelernt und nie im Angesicht Jesu Christi geschaut haben.

Wo sich in unseren Gemeinden solche innerlich verletzten Frauen finden, da haben wir erst recht schwesterliche Hilfe zu geben, die den Frauen das Vertrauen zu dem Vater im Himmel, der seine Kinder liebt und sucht, neu gewinnen hilft. Nicht helfen können jedoch jene kirchlichen Mitarbeiterinnen, die solche traurigen Erfahrungen nur bestätigen, als allgemein männliche Verhaltensweisen festlegen und dann als Ersatz- oder Ausweichmöglichkeit weibliche Göttergestalten anbieten.

Die Umgebung des Volkes Israel war voll von Göttern und Göttinnen. Meist waren die weiblichen Gestalten *Fruchtbarkeitsgöttinnen.* Man rief sie an um eine gute Ernte, um gesunden Nachwuchs bei den Viehherden, und um viele Kinder für die Menschen. Eine Frau ohne Kinder, besonders ohne Söhne, galt in der Antike und auch in Israel wenig. Aber Israel hob sich von den umgebenden Völkern ab durch seinen Glauben an den einen Gott, der das Volk befreit hat und führt, den Schöpfer und Erhalter der Welt, der allein anzurufen und anzubeten ist. Die Propheten haben einen konzentrierten Kampf geführt gegen Baal und Aschera, die kanaanäischen Fruchtbarkeitsgötter, und gegen ihre Anbetung in den Kultstätten auf den »Höhen«. »Du sollst Gott allein anbeten und ihm allein dienen« – diese Auslegung des ersten Gebots, der Grundlage aller 10 Gebote, haben sie dem Volk wieder und wieder eingeschärft, einschärfen müssen, weil es immer neu der Gefahr der Überfremdung und des Rückfalls in das Heidentum erlag. Auch die junge christliche Gemeinde mußte sich sofort mit den Gottheiten der Landschaften, in die sie hineinwuchs, auseinandersetzen: die »Diana der Epheser«, mit der Paulus es auf seiner 3. Missionsreise zu tun bekam, war eine Weiterentwicklung der alten kleinasiatischen *Magna Mater.* Solche Göttinnen-Gestalten gab es im ganzen Mittelmeerraum. Ihre Anbetung geschah weithin in Verbindung mit Tempel-Prostitution und wilden Ausschweifungen. Ihre Statuen und Bilder, soweit wir sie heute kennen, sind meist übersät mit vielen Brüsten als den Zeichen weiblicher Fruchtbarkeit.

Wollen wir heutigen Frauen uns wirklich solchen Gestalten zuwenden? Wollen Feministinnen sich wirklich so auf ihre »Fruchtbarkeit« als Frau festlegen lassen? Sind die Christen des 20. Jahrhunderts so erschütternd reif für den Untergang ins blanke Heidentum hinein?

Man sagt, die Frau brauche eine weibliche Göttin über sich, um zu sich selbst finden zu können. Im Matriarchat der Ur-Völker habe es den Vorrang der Ur-Mütter, des weiblichen Prinzips, gegeben, und in ihrem Götterhimmel sei die Mutter-Göttin die führende Gestalt gewesen. In der Weiterentwicklung der Völker und Religionen sei es dann zur Herausbildung von *Götter-Paaren* gekommen, zunächst als Mutter-Sohn-Vorstellungen, später dann zu gleichgestellten Paaren, und schließlich zur deutlichen Vorherrschaft der männlichen Gottheiten. Hier wird vor allem das Paar Isis – Osiris genannt, das ägyptische Götterpaar, das bis heute in freireligiösen Kulten eine Rolle spielt (siehe Mozarts »Zauberflöte«). Ganz eifrige Religions-Vermischer meinen gerade hier eine Vorstufe des biblischen Denkens zu finden: die Mutter, die um den Sohn trauert (Pietà) und deren Kraft ihn aus dem Totenreich herausholt (Auferstehung).

Manche Feministinnen weisen darauf hin, daß die *Überhöhung der Maria* in der katholischen Frömmigkeit solche Züge alter Göttinnen und Götterpaare aufgegriffen habe. Katholische Frauen hätten an der Maria immer ihr persönliches Vorbild finden können, während die evangelischen Frauen an dieser Stelle immer alleingelassen worden seien.

Aber auch die katholischen Feministinnen tun sich schwer mit ihrer Maria und schwanken zwischen dem Verständnis als Jungfrau oder Mutter, als Heilige und Himmelskönigin oder einfacher Frau aus dem Volk, oder neuerdings als Revolutionärin, die das Ungewöhnliche tut und angeblich den Umsturz predigt. In der revolutionären Deutung finden sich dann feministische Theologinnen aus der katholischen Kirche zusammen mit denen aus der evangelischen.

Es wird höchste Zeit, daß wir wieder genau nachlesen, was die Bibel über Maria, die Mutter Jesu, sagt und nicht sagt. Revolutionärin ist sie ganz bestimmt nicht! Sie kann uns Vorbild sein in der Bereitschaft, die ihr zugedachte Aufgabe anzunehmen. Aber auch sie blieb Mensch und ist nicht Himmelskönigin, die man anbeten könnte.

Erst recht können Christen nicht den seltsamen *Spekulationen* folgen, die manche Feministinnen *mit der Dreieinigkeit* probieren. Sie meinen, hier fehle »das weibliche Prinzip« und setzen einmal kühn Maria als eine Person der Trinität ein; andere machen darauf aufmerksam, daß das hebräische Wort für »Geist« ein Femininum sei, also könne man folgern: »Vater – Sohn – Maria« oder »Vater – Sohn – Heilige Geistin«. Noch kühner machen einige Jesus zu »Jesa

Christa«, dann ist also er zum Vertreter des »weiblichen Prinzips in Gott« geworden. Wieder andere operieren mit der alttestamentlichen »Weisheit«, die dort wie personifiziert auftritt: Auch sie sei eine Frauengestalt (griech. »Sophia«) und gehöre anstelle des Geistes in die Dreieinigkeit.

Dies alles sind kümmerliche und gekünstelte Versuche, Göttinnengestalten in den Glauben der Christen hineinzubringen. Als notwendig wird so etwas von denen empfunden, die Gott für ein bloßes Bild halten, das Menschen sich selbst gemacht haben. Wer Gott erfahren hat in seiner Heiligkeit, der muß solche Gedanken weit von sich weisen. Denn er weiß, daß *Gott über der geschöpflichen Polarität männlich-weiblich steht.*

b) Pantheismus

Wer unter den Feministinnen sich nicht so handfest für Göttinnen einsetzen will, der weicht oft aus auf *neutrale, sächliche Gottesbegriffe.* Gott wird dann beschrieben als die Kraft, die Liebe, das Ewige, das Licht oder ähnliche Bezeichnungen mehr. Die Bibel formuliert durchaus auch manchmal so – aber sie bleibt eben charakteristischerweise dabei nicht stehen. In der Bibel tritt uns überall der lebendige Gott entgegen als *Person.* Er redet uns an, und wir dürfen mit ihm sprechen. Ja, wir dürfen im Gebet sogar »du« zu ihm sagen. Er ruft Menschen und fordert Gehorsam, er zürnt und straft, er liebt und vergibt, er leitet und tröstet, hilft und befreit, heilt und vollendet. All dieses kann ein Neutrum nicht.

Die abstrakte Gottesvorstellung ist zu allen Zeiten Sache der *Philosophen und Idealisten* gewesen. Sie haben sich immer wieder hoch erhaben gefühlt über das schlichte Volk, das sich Gott so bildlich und persönlich vorstellen müsse. Jeder frei und höher denkende Mensch müsse sich doch mit der rein geistigen, gedanklichen, logischen Formulierung zufriedengeben und darin Gott beweisen können. Im übrigen sei Gott ja in allem drin, was auf der Erde ist, in Pflanze und Tier, in der scheinbar toten Materie, in Energie und Bewegung, in der mikroskopisch kleinen Welt der Atome und in der großen des unendlichen Weltalls, und schließlich auch im Menschen.

Daran ist immer etwas Richtiges, denn dies alles gehört zum Geschaffenen und trägt deshalb Gottes Spuren. Aber es ist nicht alles Gott selber. Wir müßten auf der Suche nach Gott fragen, wo in den widersprüchlichen Naturerscheinungen wir denn Gott am ehesten zu fassen bekommen, und dabei der Ratlosigkeit und schließlich der Willkür verfallen. Wir würden ohnehin im Chaos landen – wenn sich nicht *Gott selbst uns offenbart* hätte! Er entzieht sich unserem Zugriff. Und er spricht uns an, wann und wo er will. Er hat sich gebunden an seinen Sohn Jesus Christus und an sein Wort, die Heilige Schrift; da will er sich für alle Zeiten von uns finden lassen.

Wer Gott in allen Dingen finden will, der ist ein *Pantheist.* Merkwürdig, daß *naiver Göttinnenkult und hochgeistiger Pantheismus so nahe beieinander* sind! Man hat im Lauf der Jahrhunderte aber immer wieder feststellen können, daß eins das andere notwendig braucht. Beides kommt dann, wenn wir Gott nicht mehr da begegnen wollen, wo er sich finden lassen will, sondern anfangen, ihn anderswo zu suchen. Da verfallen wir notwendiger Weise in solche Extreme.

Wo wir Gottes führender Hand ausweichen, erfahren wir, daß er ungreifbar ist. Da erleben wir ihn als unwirklich, und dann fangen die geistigen Klimmzüge an, mit denen wir ihn erreichen wollen. Denn ohne Gott kann kein Mensch auf Dauer leben.

Wer den wirklichen Gott nicht kennt, sich ihm nicht stellt, der muß sich einen Gott machen, *vom Menschen erfunden.* Ob der dann eine Statue aus Holz oder Stein ist oder ein Gedankengebäude wie das der Philosophen und der Anthroposophen, das ist kein so großer Unterschied mehr, wie es nach außen hin scheint. Und wer sich so selber seinen Gott zurechtzimmert, der verdächtigt natürlich auch jeden Christen, einen solchen selbstgemachten Gott anzubeten. Wie sollte er auch anders – er weiß es ja nicht besser!

Das ist unsere Not als Christen, daß wir unseren Gott dem Gesprächspartner nicht beweisen und andiskutieren können. Deshalb zieht der Nichtchrist in dem tiefen Gefühl seiner Armut auch alle Register, den Glauben und den Glaubenden lächerlich zu machen. Der Christ braucht ruhige Standfestigkeit, um hiervor nicht zu erschrecken. Seine einzige Waffe ist das *schlichte Bezeugen* dessen, was er von seinem Gott weiß und mit seinem Gott erlebt hat. Ob das wirkt und überzeugt, das hat er selbst nicht mehr in der Hand. Manches Wort trägt erst nach Jahren Frucht, wenn wir selbst es lange vergessen haben.

Zeuge sein für den Glauben heißt aber gewiß auch, sich dem anderen Menschen liebevoll zuwenden und für ihn beten, ihm dienen und helfen.

c) Hexenkulte

Merkwürdig viel beschäftigen sich feministische Theologinnen mit den Hexen. Sie suchen in alten Chroniken, wo etwas über Hexenprozesse und Hexenverbrennungen zu finden ist, zerren es ans Tageslicht und machen harte Anklagen gegen die Kirche daraus. Diese Hexenverfolgungen sind gewiß ein *beschämendes Kapitel der Kirchengeschichte*! Für uns Heutige ist es unbegreiflich, daß man irgendwelche Menschen, meist Frauen, beschuldigte, mit dem Satan in Verbindung zu stehen und Mensch und Vieh zu verhexen. Es muß ein ganzes Bündel von Gründen gewesen sein, das dazu geführt hat. Die Zahl der Opfer war groß, und es ging bei diesen Verfolgungen grausam zu. Für Denunziation jeder Art war Tür und Tor geöffnet. Zeitweise muß es eine richtige Hexenpsychose gewesen sein, die wie eine Seuche um sich griff. Einige Orte und Landstriche ragen dabei heraus, andere blieben mehr davon verschont, aus verschiedenen, teilweise unerklärlichen Gründen. Weltliche und kirchliche Institutionen reichten einander dabei die Hände. Einige mutige Gegner dieser schrecklichen Hexenprozesse konnten sich zunächst nur an einzelnen Orten durchsetzen, ehe der ganze Spuk dann viel später zusammenbrach und verschwand.

Feministinnen sagen heute, diese als Hexen verfolgten und umgebrachten Frauen seien weise Menschen gewesen, die mehr wußten als andere. Gerade aus diesem Grund seien sie dem Neid und Haß ihrer Mitmenschen verfallen, und die Anklage der Hexerei sei zum willkommenen Vorwand geworden, sich ihrer zu entledigen. Diese *weisen Frauen* hätten medizinische Kenntnisse gehabt und vielerlei Heilkräuter anwenden können, wären sowohl Hebammen als auch Abtreiberinnen gewesen, und sie hätten auch an sonstigen naturwissenschaftlichen und philosophischen Erkenntnissen oft die Männer übertroffen. So sei ihre Verfolgung auch eine Art Racheakt der Männer gewesen, um deren eigene Vorherrschaft zu erhalten.

Ob es so stimmt, ist zumindest fraglich. Man kann all das, was sich damals abgespielt hat, gewiß nicht auf einen Nenner bringen. Zugegeben, wer mehr weiß und tiefer blickt als der Durchschnitt, der gerät wohl leicht ins Abseits. Aber dieses damals als verhängnisvoll und gefährlich empfundene Abseits nun heute einfach umgekehrt als das Gute und Richtige zu deklarieren – das ist wohl doch zu einfach und pauschal. Im Gegenteil – nachweislich »dienten« diese schrecklichen Prozesse der Abgrenzung gegenüber dem noch viele Jahrhunderte lang praktizierten Heidentum. Deshalb ist für Angriffe gegen »die Kirche« auch heute das Hexen-Thema wirkungsvoll zu benutzen. Und es tut weh, wenn dies mitten in der Kirche geschieht und von Menschen, die eigentlich selber »die Kirche« sein wollen oder repräsentieren sollen.

Auf feministischen Werkstatt-Tagungen kirchlicher Akademien oder Frauenwerke ist in den letzten Jahren *mit dem Bild der Hexe kokettiert und experimentiert* worden. Frauen sollten sich selber in dieser Rolle fühlen, ihre untergründige Weisheit zum Ausdruck bringen, ihre Unterdrücktheitsgefühle in Worte fassen und malen, ihre freud- und leidvollen Gefühle im Tanz ausdrücken. Sie sollten sich frei fühlen wie die, die auf dem Besen durch die Lüfte reiten, sie sollten sich dabei freistoßen von all ihren Ängsten, Zwängen und Beklemmungen. Dabei kam es zu ausgeführten Hexentänzen in der Nacht zum 1. Mai in einer kirchlichen Tagungsstätte. Einige Feministinnen fühlen sich selber bewußt als Hexe und wollen sich als solche aufführen. Sie wollen mit voller Absicht *Außenseiterin, Störfaktor und Quertreiberin* im menschlichen Zusammenleben sein, mit einer deutlichen Spitze des Hasses gegen alles, was männlich ist.

Hier treibt feministische »Theologie« ein *gefährliches Spiel.* Man zerstört sich selber, wenn man sich nach solchen Identifikations-Figuren richten will. Immerfort Haß und Verneinung in sich zu tragen, das macht auf die Dauer unfähig zu positivem Tun, zu sinnvoller Arbeit. Vor allem macht es unfähig zur Liebe. So läßt sich keine Ehe führen, kein Kind in Geduld austragen, zur Welt bringen, pflegen und erziehen. So kann man keine menschliche Gemeinschaft gestalten.

Und das andere kommt hinzu: Wer sich mit finsteren Gewalten abgibt, der gerät in ihren Bann, auch und gerade da, wo er sie nicht ernst nehmen will. Wer sich wirklich als »Hexe« versteht, wird versuchen, zu zaubern, Macht über Menschen und Dinge zu gewinnen, und wird hineingeraten in die Welt der okkulten und finsteren Mächte. Und die lassen nicht mit sich spaßen, sondern rächen sich früher oder später.

d) Glaubensvermischung (Synkretismus)

Viele Anhängerinnen der Feministischen Theologie sagen, sie wollten gar nicht den christlichen Glauben aufgeben. Sie fühlen sich mißverstanden, wenn wir ihnen die harten Konsequenzen aufzeigen, die in ihrer Sache liegen und von manchen Vertreterinnen auch glasklar gezogen werden. Vielmehr sei *ihr* Ziel nur, das so spröde, dogmatisch und steril gewordene *Christentum etwas anzureichern,* etwas lebendiger und attraktiver zu machen. Damit könne man Menschen zurückgewinnen, die dem Glauben und der Kirche enttäuscht den Rücken gewandt hätten.

Solche Aussagen sind wohl subjektiv ehrlich gemeint. Aber die so reden, sind einer großen Täuschung anheimgefallen und sind dabei, weitere Menschen in diese Täuschung hineinzuführen. Die fremden Elemente entfalten schnell ihre eigene Dynamik und werden wichtiger als Jesus Christus. Sie bleiben nicht ein Schmuck am Rande, sondern rücken in die Mitte. Man kann es am Programm manches kirchlichen Werkes ablesen, wie die Nebensachen zur Hauptsache werden und die meiste Zeit und Kraft beanspruchen.

Wer wirklich Menschen zum Glauben rufen will, der darf sie nicht mit Äußerlichkeiten anlocken – das wäre unredliche Werbung, bei der der ehrliche Zweifler und Gottsucher sich verschaukelt vorkommt und zu Recht abwendet. So etwas lehnt man sogar in der Welt der Wirtschaft und Reklame ab! Beim Glauben geht es um Einsichten, die dem Menschen nie leicht fallen. Da wird an das Innerste gerührt. Da muß man sich den Tatsachen von Schuld und Vergänglichkeit stellen. Ja, man kann nicht zum süßen Kern vorstoßen, wenn man sich nicht durch die harte Schale gearbeitet hat. Billiger geht es nicht.

Überall sagt man uns, die Christen dürften sich nicht abgrenzen gegenüber Andersgläubigen, sondern müßten sich weit öffnen und von ihnen lernen. Im *Dialog* sei jede Seite gleichwertig, und es finde ein Geben und Nehmen statt. Man könne viel lernen von fremden Religionen, nicht nur von den klassischen Hochreligionen Buddhismus, Hinduismus und Islam, sondern auch von den sogenannten Primitiv-Religionen. Und so stellt man mit Staunen fest, daß diese gar nicht so primitiv sind, wie man gedacht hatte, sondern tiefe Lebensweisheiten in sich tragen und ein beneidenswert geschlossenes Weltbild ergeben. Des weiteren empfiehlt man uns die Heilkräfte der Medizinmänner und »weisen Frauen«, Meditationsübungen mit Fasten und Versenkung, die Feste im Zyklus der Gestirne als etwas, das der Frau mit ihrem Zyklus entspricht, und Tänze, durch die man mit dem Kosmos eins werde und am Leben, Sterben und Auferstehen der Natur teilhabe. Mit solchen Erfahrungen könne und müsse ein Christ in unserem Jahrhundert sich weit öffnen zur *Toleranz* gegenüber allen menschlichen Erscheinungsformen von Religiosität, denn sie alle seien erfüllt von tiefer Weisheit und gutem Willen. Und alle Menschen guten Willens müßten doch heute zusammenstehen, um das Überleben der Menschheit zu sichern.

Das alles klingt verlockend schön. Aber es ist keineswegs neu. Im Lauf der Jahrhunderte war die Christenheit immer wieder begleitet von solchen Sirenenklängen. Immer neue Angebote wurden erfunden, was der Glaube zur Anreicherung angeblich alles brauche: Christus und die Gnosis, Christus und die guten Werke, Christus und die Macht, Christus und die Vernunft, Christus und Hitler, Christus und Karl Marx, *Christus und . . .* – man könnte die Liste beliebig fortsetzen. Und jedesmal lief es so, daß das zweite Glied wichtiger wurde und den Christus-Glauben überwucherte. Immer entwickelte es sich so, daß man eine Zeitlang in einem solchen Wahn mitlief, bis man mit Schrecken erkannte, wo man hingeraten war. *Glaubensvermischung führt immer zum Glaubensverlust.*

Aus vielen solchen Fehlentwicklungen der Kirchengeschichte können wir lernen, was dann jedesmal einzig und allein aus der Sackgasse herausgeholfen hat: entschlossene *Umkehr zu Bibel und Bekenntnis.* Die Reformation im 16. Jahrhundert war nichts anderes als das. Wer sie nur von ihren kulturellen Begleiterscheinungen her erklären will, der greift zu kurz. Es geht um die Mitte, die Hauptsache des christlichen Glaubens. Jesus Christus selbst ist der Mittelpunkt. Um ihn soll sich alles drehen, was wir tun: Biblische Texte gründlich und ehrfürchtig studieren und dabei neue Entdeckungen machen; unser Glaubensbekenntnis nicht nur so dahinsagen, sondern ihm behutsam nachdenken; aus der Taufe und mit dem Heiligen Abendmahl leben; sich von den Geboten bestimmen lassen; von Gebetszeiten und Gottesdiensten her seinen Tageslauf gestalten; in Liebe dienen; in Nöten durchhalten; auf das letzte Ziel hoffen – *Christen haben viel zu tun*!

Sie sind der Welt ihr Zeugnis schuldig, denn die Welt schreit nach ihrem Erlöser.

Sie sind den Menschen ihr Zeugnis schuldig, denn ihr Herr sucht alle mit seiner Liebe.

Verschweigen, Verstecken und Anpassen wäre feige. Überheblichkeit gegenüber Menschen steht uns nicht zu. Aber ein klares Zeugnis lebt davon, daß es in Liebe der Wahrheit dient.

Schlußwort

Heute sieht es oft so aus, als seien Christen abgeschrieben, weil sie keine Antwort mehr hätten auf die Anfragen unserer Zeit. Und doch warten viele insgeheim darauf, daß der Glaube sich zu Wort meldet.

Christliche Frauen müssen die Anfrage der veränderten Situation der Frau hören und einen neuen christlichen Lebensstil für Ehe, Familie und Beruf herausbilden.

Christliche Frauen müssen die Herausforderung durch Ideologien aufnehmen, klare Positionen finden und sie mutig vertreten.

Christliche Frauen müssen der Versuchung widerstehen, die in der feministischen Theologie steckt, und ihren Glauben tiefer kennen und überzeugender artikulieren lernen.

Antwort geben – was heißt das in dieser unserer Lage?

1) Antwort geben heißt: *Das Gegenüber ernst nehmen*

a) Wir müssen uns schon die Mühe machen, genau hinzusehen, das Gegenüber *ins Auge zu fassen* und zu studieren, und zwar nicht nur seine gängigen Schlagworte, sondern seine je eigenen Motive. Das kostet Zeit und Anstrengung. Es ist nötig, zu unterscheiden zwischen den zufälligen übertriebenen Äußerungen und den tragenden Überzeugungen. Es ist nötig, zu unterscheiden zwischen den fragwürdigen Lehren, die wir als christliche Frauen ablehnen müssen, und den lebendigen Menschen, die solche Lehren vertreten. Denn ihr Engagement und Eifer ist oft nur aus ihrem persönlichen Lebensschicksal zu erklären.

b) Sein Gegenüber ernst zu nehmen heißt noch lange nicht, alles von ihm anzunehmen. Genau hinhören ist etwas anderes als vorschnell einstimmen. Hier kann es gerade nicht um ein simples Jasagen, Kopfnicken, Anpassen oder Mitlaufen gehen. Im Trend zu liegen ist kein Anzeichen von geistiger Mündigkeit. Vielmehr sollen Christen *andere Überzeugungen sachlich betrachten und kritisch prüfen.* Oder sollten Frauen etwa nicht sachlich und kritisch sein können?

c) Christen dürfen sich nicht durch die rasch wechselnden Tagesparolen erschrecken lassen. Heute wird alles viel zu schnell in Superlativen ausgedrückt und zur Sensation hochstilisiert. Oft handelt es sich dabei sogar um ein bewußtes Angstmachen und seelisches Manipulieren. Mit überhitzten Emotionen (sind Frauen hier vielleicht besonders gefährdet?) kann man nichts Gutes ausrichten. Klare geistige Auseinandersetzung braucht *Ruhe und Nüchternheit.*

2) Antwort geben heißt: *Selber ein Wort haben*

a) Eine Ant-Wort als Christ hat nur, wer in seinem Glauben gegründet ist. Eine solide *Grundlage von Wissen und Erkenntnis* muß da sein – ohne diese kommen wir schnell ins Schwimmen. Deshalb muß man aber keineswegs starr und unbeweglich sein. Vielmehr will ein rechter Christ sein Leben lang dranbleiben und weiterlernen. Gerade die Herausforderungen lassen uns neu fragen und forschen, Erkenntnisse und Erfahrungen sammeln.

b) Antwort geben kann man allerdings nicht nur aus dem, was Kopf und Geist wissen. Es muß dazu die Praxis des Glaubens kommen, die *gelebte Nachfolge.* Zu ihr gehört der ständige Umgang mit der Bibel, das Handeln nach Gottes Gebot, und das Leben in der Gemeinde. Zu ihr gehört es, daß Männer und Frauen im Glauben nicht gegeneinander kämpfen, sondern zusammenstehen, miteinander christliche Ehe und Familie gestalten, und in Gesellschaft und Kirche einander achten und aufeinander hören.

c) Wenn wir Antwort geben wollen, muß sie zuvor *durch unser eigenes Herz* hindurchgegangen sein. Wir müssen die Anfragen und Herausforderungen an uns heranlassen, ja in uns hineinlassen, und ebenso die Antwort, die die Heilige Schrift uns gibt, erst bei uns selber erproben, ehe wir sie hinausgeben an andere. Wo Christen es billiger haben wollen, werden sie nicht gehört. Nur den Aufrichtigen wird ihre Ant-Wort abgenommen.

3) Antwort geben heißt: *Sich der Auseinandersetzung stellen*

a) Christen dürfen sich *nicht ins Getto zurückziehen,* sondern müssen »dranbleiben«. Schon gar nicht darf es ein beleidigtes oder pharisäisches Getto sein. Frauen schweigen heute nicht mehr in der Gemeinde, sondern sind gerufen, ihr Wort zu wagen und einzubringen. In welcher Form wir das tun, dafür gibt es eine große Freiheit und Vielfalt der Möglichkeiten. Aggressivität ist dabei ebenso falsch wie die Palette weiblicher Verführungskünste.

b) Christen dürfen aber auch *nicht der Illusion verfallen,* unsere Antwort müsse auf der Gegenseite eine schnelle Umwandlung bewirken. Wer auf solche »Wunder« seiner Überzeugungskraft wartet, wird bittere Enttäuschungen erleben müssen.

c) Vielmehr ist damit zu rechnen, daß Gottes Mühlen langsam mahlen. Es gehört eine gute Portion *Mut und Geduld, langer Atem und Stehvermögen* dazu, seine Sache immer wieder zu sagen, auch wenn zunächst nichts von einem »Erfolg« zu sehen ist. Dabei darf die Ant-Wort nicht zum trotzigen und bockigen Anti-Wort werden, sondern muß den werbenden Charakter behalten, auch wo das unter Anfeindungen schwer fällt. Wer sich seines Glaubens sicher ist, der kann auch Spott und Einsamkeit ertragen und gegen den Strom schwimmen.

d) Wer vom Glauben her Antwort geben will in Herausforderungen und versuchliche Situationen hinein, der kann es nur im täglichen Kontakt zu seinem Herrn mit der Frage: *Was willst du, Herr, daß ich tun soll*? Weil unsere eigene Einschätzung der Lage oft genug völlig danebengreift, müssen wir die Hand unseres Herrn fassen, und ihm dann auch überlassen, was er aus unserem Tun und Reden macht.

LITERATUR

1) *Darstellungen der veränderten Situation der Frau*

Heinrich Greeven (Hrsg.), *Die Frau im Beruf*, Furche-Verlag, Hamburg 1954
Anna Paulsen, *Geschlecht und Person*, Furche-Verlag, Hamburg 1960
Liselotte Nold, *Frauen heute*. Ein Beitrag zur Diskussion, Laetare-Verlag, Nürnberg 1967
EKD-Studie, *Die Frau in Familie, Kirche und Gesellschaft*, Gütersloher Verlagshaus Gerd Mohn, Gütersloh 1979

2) *Frauen im Konflikt mit ihrer Kirche*

Susanne Kahl (Hrsg.), *Die Zeit des Schweigens ist vorbei. Zur Lage der Frau in der Kirche*, Gütersloher Verlagshaus Gerd Mohn (GTB 335) 1979
J. Günther – S. Kahl – M. Pannwitz – A.v. Walther, *Was erwartet mich in der Kirche? Kleines Handbuch für ehrenamtliche Mitarbeiterinnen*, Gütersloher Verlagshaus Gerd Mohn, Gütersloh 1981
Elisabeth Burmeister, *Frauen machen Frieden*. Lesebuch für Großmütter, Mütter und Töchter, Burckhardthaus-Laetare-Verlag, Gelnhausen/Berlin/Stein 1981
Elisabeth Moltmann-Wendel (Hrsg.), *Frau und Religion*. Gotteserfahrungen im Patriarchat, Fischer-Taschenbuch 3738, Frankfurt 1983
Carola Wolf (Hrsg.), *Macht und Ohnmacht der Frauen in der Kirche*. Fünfzehn persönliche Erfahrungen, Kreuz-Verlag, Stuttgart 1983
Norbert Sommer (Hrsg.), *Nennt uns nicht Brüder!* Frauen in der Kirche durchbrechen das Schweigen, Kreuz-Verlag, Stuttgart 1985

3) *Standardwerke und umfassende Darstellungen der Feministischen Theologie*

Simone de Beauvoir, *Das andere Geschlecht*, Rowohlt-Verlag, Reinbek 1951
Elisabeth Moltmann-Wendel, *Freiheit, Gleichheit, Schwesterlichkeit*. Zur Emanzipation der Frau, Kaiser-Traktat 25, Ch. Kaiser, München 1977
Kurt Lüthi, *Gottes neue Eva*. Wandlungen des Weiblichen, Kreuz-Verlag, Stuttgart 1978
Catharina J.M. Halkes, *Gott hat nicht nur starke Söhne*. Grundzüge einer feministischen Theologie, Gütersloher Verlagshaus Gerd Mohn (GTB 371), Gütersloh 1980
Helmut Barz, *Männersache*. Kritischer Beifall für den Feminismus, Kreuz-Verlag, Zürich 1984
Catharina J.M. Halkes, *Suchen, was verloren ging*. Beiträge zur feministischen Theologie, Gütersloher Verlagshaus Gerd Mohn (GTB 487), Gütersloh 1985
Elisabeth Moltmann-Wendel, *Das Land, wo Milch und Honig fließt*. Perspektiven einer feministischen Theologie, Gütersloher Verlagshaus Gerd Mohn (GTB 486), Gütersloh 1985
Marga Bührig, *Die unsichtbare Frau und der Gott der Väter*. Eine Einführung in die feministische Theologie, Kreuz-Verlag, Stuttgart 1987

4) *Feministische Beschäftigung mit »Frauentexten« der Bibel*

Willy Schottroff – Wolfgang Stegemann (Hrsg.), *Traditionen der Befreiung*, Bd. 2: Frauen in der Bibel, Kaiser-Verlag, München und Burckhardthaus-Laetare-Verlag 1980
Elisabeth Moltmann-Wendel, *Ein eigener Mensch werden*. Frauen um Jesus, Gütersloher Verlagshaus Gerd Mohn (GTB 1006), Gütersloh 1980

Virginia R. Mollenkott, *Gott eine Frau?* Vergessene Gottesbilder der Bibel, Verlag C.H. Beck (BSR 295), München 1985
Ingeborg Kruse, *Unter dem Schleier – ein Lachen.* Neue Frauengeschichten aus dem Alten Testament. Kreuz-Verlag, Stuttgart 1986
Christine Friebe-Baron, *Ferne Schwestern, ihr seid mir nah.* Begegnungen mit Frauen aus biblischer Zeit, Kreuz-Verlag, Stuttgart 1988

5) *Göttinnen-Bewegung, Mystik und Synkretismus*

Heide Göttner-Abendroth, *Die Göttin und ihr Heros.* Die matriarchalen Religionen in Mythos, Märchen und Dichtung, Verlag Frauenoffensive, München 1980
Ursa Krattiger, *Die perlmutterne Mönchin.* Reise in eine weibliche Spiritualität, Kreuz-Verlag, Zürich 1983
Christa Mulack, *Die Weiblichkeit Gottes.* Matriarchale Voraussetzungen des Gottesbildes, Kreuz-Verlag, Stuttgart 1983
Christa Mulack, *Maria – die geheime Göttin im Christentum* (Buchreihe Symbole), Kreuz-Verlag, Stuttgart 1985
Elga Sorge, *Religion und Frau.* Weibliche Spiritualität im Christentum, Kohlhammer-Verlag, Stuttgart 1985[1], 1987[3]
Carter Heyward, *Und sie rührte sein Kleid an.* Eine feministische Theologie der Beziehung, Kreuz-Verlag, Stuttgart 1986

6) *Wissenschaftlich-kritische Darstellungen*

Maria-Sybilla Heister, *Frauen in der biblischen Glaubensgeschichte,* Vandenhoeck und Ruprecht, Göttingen 1984
Lutz von Padberg, *Feminismus.* Eine ideologische und theologische Herausforderung, Verlag der Ev. Gesellschaft, Wuppertal 1985
Susanne Heine, *Frauen in der frühen Christenheit.* Zur historischen Kritik einer feministischen Theologie, Vandenhoeck und Ruprecht, Göttingen 1986
Susanne Heine, *Wiederbelebung der Göttinnen?* Zur systematischen Kritik einer feministischen Theologie, Vandenhoeck und Ruprecht, Göttingen 1987
Maria-Sybilla Heister, *Maria aus Nazareth,* Vandenhoeck und Ruprecht, Göttingen 1987
Hans Biedermann, *Die großen Mütter.* Die schöpferische Rolle der Frau in der Menschheitsgeschichte, Scherz-Verlag Bern-München 1987
Oswald Bayer (Hrsg.), *Ehe.* Zeit zur Antwort, Neukirchener Verlag 1988

7) *Praktische Hilfen in der Auseinandersetzung*

Werner Neuer, *Mann und Frau in christlicher Sicht,* Brunnen-Verlag, Gießen 1981
Peter Beyerhaus (Hrsg.), *Frauen im theologischen Aufstand.* Eine Orientierungshilfe zur »Feministischen Theologie«, Reihe »Wort und Wissen« Band 14, Hänssler-Verlag, Neuhausen-Stuttgart 1983
Ingeborg Hauschildt, *Gott eine Frau?* Weg und Irrweg der feministischen Theologie, R. Brockhaus Verlag, Wuppertal 1983
Stellungnahme der nordelbischen Bischöfe zur »Feministischen Theologie«, 12 Thesen, Nordelbische Kirchenzeitung, Juli 1985
Kari Torjesen Malcolm, *Christinnen jenseits von Feminismus und Traditionalismus.* Wenn Frauen wissen, wohin sie gehören, Aussaat-Verlag, Neukirchen-Vluyn 1987
Else Diehl und Elisabeth Wetter (Hrsg.), *Frauen.* Ein Werkbuch für die Arbeit in der Gemeinde, R. Brockhaus Verlag, Wuppertal 1988